o adorador que o Pai procura

Christine Hael & Monica B. Bonze

O adorador que o Pai procura

Ágape

SÃO PAULO, 2015

O adorador que o Pai procura
Copyright © 2015 by Raquel Cristina Quintiliano dos Santos Fonseca e Mônica Barbosa Bonze
Copyright © 2015 by Editora Ágape Ltda.

GERENTE EDITORIAL
Lindsay Gois

AUXILIAR DE PRODUÇÃO
Emilly Reis

AQUISIÇÕES
Cleber Vasconcelos

EDITORIAL
João Paulo Putini
Nair Ferraz
Rebeca Lacerda
Vitor Donofrio

PREPARAÇÃO
Patrícia Murari

REVISÃO
Fernanda Guerriero Antunes
Vânia Valente

CAPA
Dimitry Uziel

DIAGRAMAÇÃO
Rebeca Lacerda

Texto de acordo com as normas do Novo Acordo Ortográfico da Língua Portuguesa (1990), em vigor desde 10 de janeiro de 2009.

Dados Internacionais de Catalogação na Publicação (CIP)
(Câmara Brasileira do Livro, SP, Brasil)

Hael, Christine
O adorador que o Pai procura / Christine Hael e Monica B. Bonze. -- Barueri, SP: Editora Ágape, 2015.

1. Deus - Adoração e amor   2. Espiritualidade   3. Oração
4. Presença de Deus   5. Vida espiritual - Cristianismo
I. Bonze, Monica B.. II. Título.

15-09483   CDD-242

Índice para catálogo sistemático:
1. Adoração : Literatura devocional : Cristianismo   242

EDITORA ÁGAPE LTDA.
Alameda Araguaia, 2190 – Bloco A – 11º andar – Conjunto 1112
CEP 06455-000 – Alphaville Industrial, Barueri – SP – Brasil
Tel.: (11) 3699-7107 | Fax: (11) 3699-7323
www.editoraagape.com.br | atendimento@agape.com.br

Dedicamos esta obra primeiramente ao nosso Deus, pois sem Ele nada poderíamos fazer. Aos esposos, Lucas e Amarildo, por serem nossos maiores incentivadores. Aos pastores, pais e irmãos Rosângela e Ângelo Picoli, por tamanho companheirismo. Enfim, a todos que nos incentivaram, tanto parentes como amigos, que torceram e esperaram pacientemente por este livro, nossos sinceros agradecimentos.

APRESENTAÇÃO

É COM MUITO PRAZER que faço a apresentação desta obra, escrita por minhas irmãs em Cristo, Monica B. Bonze e Christine Hael, no momento em que a Igreja está vivendo um tempo de grande crise de identidade em relação à verdadeira adoração ao nosso Deus. São experiências e revelações dadas às autoras num profundo trabalhar de Deus.

A leitura de O adorador que o Pai procura ajudará a refletir sobre nossa maneira e atitude de adorar a Deus, que não consiste em rituais, tradições e estilo musical, mas num estilo de vida.

> *Deus é espírito; e importa que os seus adoradores o adorem em espírito e em verdade.* (Jo 4:24, ARC)

Tenho aprendido que a verdadeira adoração vem de uma comunhão e intimidade com Deus, reconhecendo seu senhorio e seus atributos. Somente quem experimenta o verdadeiro perdão pode se entregar sem reservas para adorá-Lo em espírito e em verdade.

Convido-te e a se animar e a mergulhar nesta edificante leitura. Deixa o Espírito Santo te guiar e orientar em tua vida de adoração para que ela seja profunda e abundante.

Pra. Salete Fileto da Fonseca
Teóloga – Doutora em Divindade

PREFÁCIO

Em certo momento, o Senhor me proporcionou a revelação de muitas coisas acerca da adoração. Essa revelação, em particular, aconteceu em uma ocasião de tribulação e muita angústia.

Certa madrugada, despertei com o canto de um pássaro. Fui lentamente acordando até me dar conta de que, inexplicavelmente, eu compreendia cada palavra cantada por aquele pássaro. A melodia era belíssima, mais do que bela. Eu estava entendendo o que ele dizia:

"Deus é bom! Ah! Como Deus é bom! Deus é muito bom!".

Aquilo era totalmente estranho para mim, mas cativante. Era inexplicável, porém aproveitei aquele momento. Aquele cântico e aquelas palavras foram como anestésicos para a minha angústia e me trouxeram consolo. Foi nesse momento que o Espírito Santo acrescentou mistérios que até então eu nunca tinha ouvido anteriormente, em lugar nenhum.

No começo, tudo o que estava sendo dito pelo Senhor eram verdadeiros enigmas. A cada passo que dava, sentia-me penetrar em salas de conhecimento, como se fosse portadora da chave do enigma. As referências bíblicas eram dadas para que tudo fosse bem fundamentado na Palavra. Deus nunca me deixou confundida, e sempre me encheu de plena segurança.

Para mim, era necessário dividir com alguém minhas novas experiências. Isso, de certa forma, trazia-me alívio. Eu não sei explicar, mas tinha muita vontade de compartilhar com alguém que me entendesse e pudesse sentir o que eu sentia.

No dia em que ouvi o pássaro cantar assim, levantei-me e senti aquela velha necessidade de conversar. Foi quando encontrei minha amiga e irmã Rosângela Picoli. Alguns dias antes ela tinha sido usada pelo Senhor para me dizer que eu seria visitada durante a noite.

Este é um trecho das palavras do Senhor para mim:

"Filha, desatei para ti os mistérios da adoração. Vou te falar o íntimo do meu coração, quero ser adorado, e então haverá libertação para o meu povo. Desperta, filha de Sião, e levanta ao romper da alva, quero te mostrar os mistérios dos anjos que me adoram. Eu sacudirei a minha igreja e mudarei a sua história."

Muitas daquelas palavras tinham acabado de se cumprir e eu precisava testemunhar.

– Deus é bom! – contava para ela. – Essas eram as palavras que o pássaro havia cantado – continuei.

Ela se surpreendia, sem saber que ficaria mais atônita à medida que eu continuasse a contar.

"Deus é bom?! Isso era o que cantavam os pássaros? Não há nada de interessante nisso.", você pode estar pensando. Essas são palavras que estamos tão acostumados a ouvir, porém sem perceber a profundidade que elas representam. É por não entender nem conhecer as qualidades do caráter do Criador que temos dificuldade em adorá-Lo com excelência. Eu estava tão angustiada porque havia me esquecido da tamanha bondade de Deus, mas aquele canto refrescara a minha memória.

– Após o cântico do pássaro, o Senhor me disse a respeito do homem no Éden – continuei narrando a Rosângela aquele acontecimento tão fresco em minha memória: – Adão, ao contrário do que eu havia pensado durante toda a minha vida, não era adorador.

– Puxa! Isso é muito forte e polêmico – disse ela.

As coisas de Deus são mesmo muito polêmicas, podemos ver isso na história de Jesus: suas palavras eram polêmicas, mas verdadeiras. Como lemos em Romanos 9:33, Jesus era tropeço e escândalo para aqueles que não criam nele, mas, para os que criam, suas palavras não traziam confusão. Mal sabia eu que me depararia com muitas outras questões ao longo do tempo.

– Adão e Eva não eram adoradores. Eram criaturas tão fabulosas, pareciam-se com Deus e até conversavam com Ele – isso deveria ser o ápice do desejo humano –, mas os seus sentimentos não estavam alinhados com a essência de Deus. Eles não se pareciam com Deus no aspecto mais importante, no Seu caráter – expliquei.

Conversamos durante alguns minutos naquele dia, mas o assunto dominou minha mente com uma força incrível nos dias que se seguiram. Diante de qualquer ação, pensamento ou assunto, era somente "adoração" a explicação mais plausível em minha mente. Estava claro que o Senhor tinha algo importante a me revelar, mas esse era só o começo.

A cada dia, diante de cada assunto do meu cotidiano, os mais variados cenários, histórias e personagens bíblicos vinham à minha mente com um significado novo e intrigantemente didático. Parecia que o motivo de tudo na Bíblia era adoração. Assim, eram acrescentados mais e mais assuntos ao assunto "adoração".

Por vezes sentia-me inconveniente nos ambientes que frequentava, porque não aguentava e soltava uma frase ou outra. É claro que não era compreendida, isso era praticamente óbvio após minhas palavras. No entanto, depois de um tempo, acostumei-me com a ideia de que não era fácil para algumas pessoas abrir mão do seu modo de pensar.

Logo no início, encontrei parceiros para compartilhar desse alimento tão farto: minha sobrinha Christine Hael e seu esposo, Lucas. Numa tarde, em uma de suas frequentes visitas à minha casa, pude falar por algumas horas desse assunto tão novo para mim. De forma rápida eles entenderam; pareciam digerir e se alegrar comigo à medida que conversávamos. Essa era uma das raras ocasiões em que eu podia compartilhar essa palavra com alguém.

Éramos envolvidos por um sentimento de alegria muito peculiar, como se fôssemos crianças em um território totalmente desconhecido, onde poderíamos correr e desbravar cada centímetro sem nenhum constrangimento ou pressa. Às vezes sentíamo-nos como pessoas cheias de fome, comendo desesperadamente um prato extremamente saboroso, e a cada garfada sentíamos mais fome. Essa é a melhor forma que eu encontro de descrever a alegria de ter todo aquele banquete sobre minha mesa.

– Escreva um livro! – Christine me disse durante uma conversa.

Sua expressão parecia muito convicta de que era uma ótima ideia. Já eu, nunca me sentira muito à vontade com a ideia de escrever.

– Essa não é uma ideia muito boa – disse a ela.

– Então eu posso escrever! – ela interrompeu abruptamente, sem parecer se importar com a dificuldade. – Nós podemos gravar nossas conversas e depois organizo as ideias calmamente – completou. – Deus não iria dar a você algo tão especial para ficar escondido. Precisamos compartilhar isso.

Eu tive de concordar que havia um propósito e que Deus estava me dando um banquete para alimentar famintos. Foi assim que começamos a escrever.

Conforme Christine escrevia as palavras que eram gravadas em nossas conversas, muitas coisas lhe foram sendo acrescentadas, suas próprias experiências também foram adicionadas a este livro. Por isso, as experiências pessoais de nossa vida, nosso convívio familiar e tudo o que foi revelado foram montados como pecinhas de um quebra-cabeça. Então, em comunhão, fomos aprendendo e sendo experimentadas em tudo o que éramos ensinadas pelo Senhor.

Após alguns meses, nossa vida tomou rumos diferentes e fomos morar distantes uma da outra. Separadas por centenas de quilômetros, nossas conversas já não eram possíveis, mas eu continuei a fazer anotações e Christine a desenvolver tudo em texto. Como um novelo, o assunto foi se desenrolando para nós. Coisas novas começaram a surgir, e fui contagiada com a atmosfera de adoração.

Após um tempo, entramos em treinamento. Tudo o que havíamos recebido do Senhor foi intensamente testado em nós. Nosso caráter foi e está sendo moldado todos os dias. Nossas intenções e motivações, e nossos sentimentos foram trabalhados; fomos moídas e pisadas no lagar até que a refinada adoração produzisse vinho novo.

Ficamos separadas pela distância por muitos anos, mas unidas no propósito de Deus. Do sonho de ver uma igreja adoradora – cremos que não somente nosso, mas também um sonho de Deus –, um povo preparado por Deus surgiu. Colocamos todos os nossos conceitos, padrões religiosos e filosóficos por terra e começamos a cultuar "do zero", na cozinha de uma pequena casa. Foi uma intensa reforma. Aos poucos fomos aprendendo com Deus um novo estilo de vida de adoração. A fornalha foi aquecida e as gavetas de nossa alma, remexidas. Ah! Foi doloroso, mas glorioso.

Sete anos foram necessários para finalizar *O adorador que o Pai procura*. Não é uma obra de duas autoras, mas de dezenas de pessoas que nos ensinaram de todas as maneiras, boas e ruins. Sete anos de aprendizado, caminhando e chorando, aprendendo e escrevendo cada página deste livro. Esperamos colher os molhos com alegria. Nossa recompensa está em Deus, na eternidade, mas hoje nosso desejo é que você, leitor, seja abençoado e receba de Deus conhecimento, revelação e sabedoria.

Para que o Deus de nosso Senhor Jesus Cristo, o Pai da glória, vos dê em seu conhecimento o espírito de sabedoria e de revelação, tendo iluminados os olhos do vosso entendimento, para que saibais qual seja a esperança da sua vocação e quais as riquezas da glória da sua herança nos santos. (Ef 1:17-18, ARC)

Que Deus possa usá-lo, leitor, como veículo de transformação da realidade onde você vive, e que você seja fazedor de uma nova história. Desejamos e oramos que Deus dê Sua revelação a você, para que, enquanto estiver lendo, haja entendimento e um novo despertar em seu coração.

Ao Cordeiro de Deus, eternamente toda honra, glória e poder, porque só Ele é digno. Amém!

Monica B. Bonze

SUMÁRIO

Introdução **19**

Capítulo 1 – Tudo tem um começo **23**

Capítulo 2 – O veneno da Serpente **37**

Capítulo 3 – O conhecimento do bem e do mal **61**

Capítulo 4 – Adoração em ação **93**

Capítulo 5 – Jesus, "adorador por excelência" **117**

Capítulo 6 – O antídoto **159**

Capítulo 7 – Uma vida de adoração **191**

Capítulo 8 – Uma igreja adoradora **223**

Referências bibliográficas **261**

INTRODUÇÃO

O TEMA "ADORAÇÃO" não é um assunto novo, tampouco ultrapassado. Ele tem sido explanado de maneira frequente em livros, seminários e em cultos. Eu mesma, Christine, já participei de workshops, li livros e estive em vários seminários voltados a esse tema.

É fato que quase sempre esse assunto é associado à música. Geralmente, quando falamos "Ministério de Louvor e Adoração", não precisamos explicar que se trata de um grupo dentro da igreja, responsável pela música que será tocada durante os cultos. Esse é um erro comum e poderá impedir que você entenda o conteúdo deste livro. Por isso, é necessário que você reavalie esse conceito. Adoração não é música, mas a música pode ser a expressão de sua adoração. Podemos adorar cantando ou tocando, entretanto não podemos limitar adoração somente à música.

Antes da Monica compartilhar comigo tudo o que o Senhor estava lhe ensinando, minha compreensão sobre adoração era superficial. Já havia ouvido a frase: "adoração é um estilo de vida", entretanto, eu sinceramente acreditava estar vivendo esse estilo de vida. Ah! Como estava equivocada. À medida que conversávamos, eu percebi que estava muito distante de ser a adoradora que o Pai procura. Estava convencida de que era uma adoradora, principalmente porque desde a minha infância louvava por meio da música. E tirar essa convicção de mim, foi como se estivesse perdendo minha identidade. Contudo, quando parecia perdida, na verdade, Deus estava forjando minha identidade espiritual.

Quando iniciei o propósito de escrever este livro a partir das conversas com a Monica, não imaginava que passaria a ter minhas próprias experiências com Deus e a viver tão intensamente o propósito principal dessa jornada: ser uma verdadeira adoradora. O resultado vai além da coautoria desta obra, experimentei uma transformação em todas as esferas do meu relacionamento com Deus.

Fatalmente, por interpretarmos adoração como música, nós nos tornamos bajuladores de Deus e temos nos afastado da verdadeira adoração, enquanto estamos convencidos de que nos tornamos adoradores. Por estarmos cantando muito, achamos que adoramos muito, e acabamos por nos desviar do foco.

Não pretendemos menosprezar e, longe de nós, julgar os nossos queridos irmãos que foram abençoados com este ministério, mas queremos expor que não é disso que trataremos neste livro. Esse não é nosso foco.

Tampouco temos a intenção de levantar uma teoria revolucionária. Queremos que você entenda que Deus chamou a todos nós para a adoração e nos capacitou para isso, a fim de cumprirmos os desígnios Dele e para triunfarmos Nele.

Adoração é vida nos padrões de Deus. Adoração é vida, o oposto é morte. Adoradores verdadeiros têm vida e transmitem vida, mas o falso adorador tem morte e transmite morte. O adorador verdadeiro é procurado por Deus, mas o falso, pode ser encontrado em diversos lugares, inclusive dentro dos templos.

Todos já ouvimos dizer que nascemos para adorar. Entretanto, adoração não é algo nato do homem. Adorar não é um instinto, como um bebê que nasce sabendo chorar. A adoração que é aceita por Deus é aprendida, e o único que sabe ensinar é o Espírito Santo.

Adorar é prostrar-se diante de alguém. Logo, adoramos a quem obedecemos.

Não sabeis vós que a quem vos apresentardes por servos para lhe obedecer, sois servos daquele a quem obedeceis, ou do pecado para a morte, ou da obediência para a justiça? (Rm 6:16, ARC)

Adoração é vida nos padrões de Deus. Portanto, não podemos adorá-Lo sem obedecê-Lo, sem viver os Seus padrões inteiramente. Deixe que o Espírito Santo o confronte. Deixe que Ele mostre quem você realmente é, e permita que Deus mude você completamente. Ele é o dono da obra, e você, um agente passivo de Seu trabalhar.

Nesta obra pretendemos levá-lo a um passeio pelas Escrituras com o intuito de entender o que Deus espera de você, para que, assim, possa adorá-Lo verdadeiramente.

CAPÍTULO 1
TUDO TEM UM COMEÇO

COM EXCEÇÃO DO CRIADOR, tudo tem um início ou um ponto de partida. Se pararmos para analisar o começo, o meio e o fim da história da humanidade, veremos que ela gira em torno de um eixo central, que é Cristo. Se fomos criados para adorar, nossa adoração deve, obrigatoriamente, estar focada em Cristo. Esse é um princípio básico, e talvez pareça clichê, mas é exatamente nesse ponto que a igreja tem se perdido. Cristo é o primogênito da criação, então aquilo que se desvia de Cristo não pode ser uma verdadeira adoração.

> *O qual é imagem do Deus invisível, o <u>primogênito de toda a criação</u>; porque nele foram criadas todas as coisas que há nos céus e na terra, visíveis e invisíveis, sejam tronos, sejam dominações, sejam principados, sejam potestades; tudo foi criado por ele e para ele. E ele é antes de todas as coisas, e todas as coisas subsistem por ele. E ele é a cabeça do corpo da igreja; é o princípio e o primogênito dentre os mortos, para que em tudo tenha a preeminência,*

porque foi do agrado do Pai que toda a plenitude nele habitasse. (Cl 1:15-19, ARC, grifos nossos)

Antes da fundação do mundo, antes que o Arquiteto traçasse o primeiro risco em seu projeto, ou seja, antes da criação e do pecado do homem, antes de criar Lúcifer e os anjos, o "Projeto Cristo" já havia sido gerado. Preste atenção! Não estamos insinuando que Jesus é uma criação, mas dizendo que o "Projeto Cristo" havia sido traçado.

O "Projeto Cristo", como eu gosto de chamar, é o plano de redenção do homem. Isso mesmo! Antes mesmo que tudo existisse, antes do pecado do homem, Deus, em Sua presciência, planejou como traria de volta para Si toda a humanidade (vs. 19).

Por que Deus, sabendo de tudo o que aconteceria com o homem, não interveio de alguma maneira para que ele não errasse? Por que criou Lúcifer? Por que nos fez?

Entender a mente do Criador não é algo que se possa fazer com segurança. Podemos somente vislumbrar o tamanho e a altura de Seus pensamentos, que são muito acima dos nossos.

Em primeiro lugar, como dizer a um pintor: "Não pinte"?; a um escritor: "Não escreva"?; a um escultor: "Não modele"?. Como parar o ventre de uma mulher que anseia gerar um filho? E como parar a mão do Criador? Se nós, seres humanos, não podemos conter nossas mãos e nossa própria criatividade, como poderemos dizer ao ser mais criativo e poderoso: "Não crie"? Se entendermos a profundidade da bondade de Deus, logo saberemos que é nato de Seu caráter construir e gerar. Gerar filhos, construir um lar para seus filhos e, antes de tudo isso, pensar em como criá-los.

Em segundo lugar, Ele não criou filhos para manipulá-los, como geralmente pensamos em fazer com os nossos. Gostaríamos que nossos filhos nunca escolhessem algo errado, mas não é assim que acontece. Deus nos deu algo que ultrapassa o instinto, deu-nos livre-arbítrio. Se fôssemos guiados somente pelos instintos, seríamos como robôs, programados para fazer o que a natureza mandasse. Entretanto, Deus criou o homem com direito de escolha. A árvore da vida ou a árvore do conhecimento do bem e do mal representava claramente suas escolhas. Eles eram, acima de tudo, livres para escolher ficar ao lado de Deus, ou ir para longe e viver a seu próprio modo.

Gostamos de questionar o livre-arbítrio porque sabemos que foi isso que nos fez, e nos faz até hoje, escolher uma vida tão complicada. Contudo, não gostamos da ideia de sermos manipulados. Somos tão contrários à manipulação divina que questionamos as duas hipóteses. Por que com o livre-arbítrio? Por que sem o livre-arbítrio? Até nisso gostaríamos de arbitrar.

Apesar de toda a confusão que Seus filhos fariam, Deus não hesitou em criá-los. Assim como também não deixamos de gerar filhos, mesmo sabendo o trabalho que darão, o ambiente hostil em que viverão, e que podemos perdê-los para sempre. Deus, porém, não foi um pai irresponsável; antes de gerar filhos, criou o modelo de filho ideal que Ele mesmo mostraria ao homem, no tempo certo. É com o "Projeto Cristo" que devemos nos identificar se quisermos agradar o Pai.

Adão é o início da história do homem; Lúcifer, o início do erro. Cristo, porém, é o próprio início.

> *Eu sou o Alfa e o Ômega, o princípio e o fim, diz o SENHOR, que é, e que era, e que há de vir, o Todo-Poderoso.*
> (Ap 1:8, ARC)

Ele não é simplesmente o começo e o fim. Ele criou o tempo, por isso está acima do *Khrónos* e pode acessar toda a história com um só relance de Seu olhar.

Ele é o princípio para que tudo dependesse Dele para existir, e sem Ele nada se formasse. É por isso que Cristo tem superioridade em hierarquia, vantagem, distinção e grandeza.

Ele é o fim, para Nele convergir todo o propósito da existência humana e celestial. E para que aquilo que não é Dele – a saber, a injustiça, o individualismo, o egoísmo –, tudo o que é mal e todo sofisma do deus deste século tenham um fim.

Fomos feitos para Ele, para que sem Ele nada tenha motivo de existir. Por isso, o ser humano tem em sua natureza a necessidade de um deus para se sentir completo.

Feitos Dele, para que sem Ele não passemos de um quebra-cabeça deficiente de peças. Feitos por Ele para termos um laço de dependência, sem o qual nada poderemos fazer. É notório que, do começo ao fim, Cristo é o centro.

A adoração também possui um começo, quem sabe no céu com os anjos, não podemos saber ao certo. O importante é saber: quem é o centro da nossa adoração? Que adoração é essa? Será que estamos convencidos de estarmos adorando, enquanto nossas atenções estão voltadas para o astro errado?

Quando a nossa adoração não está voltada para Cristo, então estamos cometendo um erro existencial, de propósito e de futuro.

O erro também teve um início. Só poderemos consertá-lo conhecendo-o. Ninguém poderá parar de errar sem antes conhecer seu erro, reconhecer seu erro e, por fim, render-se Àquele que pode ajudá-lo.

O início do erro

O CENÁRIO ERA ESTRANHO, era peculiar, não parecia ser da terra. Havia anjos, muitos deles e de todas as patentes. Então, de repente, Monica entendeu. O Senhor estava lhe mostrando uma visão, o cenário da rebelião no céu.

"Lúcifer persuadia um grupo de anjos, e dizia:

– Se eu sou tão formoso, poderoso, inteligente, por que não posso ser adorado também? Por que não podemos ser reconhecidos e adorados igualmente? Por que Deus se considera o único digno de adoração?

Uau! Eu já estava sentindo o peso daquelas palavras. Ele não é nada bobo, sua persuasão era de impressionar. E não parava por aí, o astuto Lúcifer continuava com seu discurso, no mínimo, intrigante:

– É muito fácil para Deus dizer que é justo. Quem vai questioná-Lo? Ele é Deus! É muito cômodo para Ele dizer que é amor. Ele está acima de tudo, assentado no trono. Assim é muito fácil! Se Deus pode ter um reino, eu também posso ter um reino e ser adorado. Qualquer um pode. É muito simples. Direi que sou justo, que sou amor, que sou digno e ninguém poderá questionar.

Os anjos olhavam e os que ouviam ficavam tentados por seu discurso.

Os anjos eram seres inteligentes, viam a Deus, sabiam quem era Deus, estavam sob Seu comando e, por certo, conheciam o Seu poder. Como pôde convencê-los de tal maneira que arrastou para o seu lado boa parte dos seres celestes? Agora eu estava entendendo.

Durante todo aquele dia, e talvez mais alguns dias dos quais minha mente lembrasse, meu corpo tremia com o soar daquelas afirmações. Ele persuadia aqueles anjos e reclamava um trono; por certo, não convenceria os anjos com um discurso mixuruca. Podemos perceber que não se tratava de palavras sem fundamento, tampouco de um orador tolo. A sua inteligência era grande, talvez superior aos demais seres celestiais. Seu poder de persuasão foi capaz de convencer a alguns de que ele estava certo. Para nós, que temos uma fé firme, sabemos que suas palavras escondiam uma mentira, mas qualquer ser humano se veria tentado a segui-lo. No entanto, minha mente não estava confusa; ao contrário, agora tudo fazia sentido."

[...] Assim diz o SENHOR Jeová: Tu és o aferidor da medida, cheio de sabedoria e perfeito em formosura. Estavas no Éden, jardim de Deus; toda pedra preciosa era a tua cobertura: a sardônia, o topázio, o diamante, a turquesa, o ônix, o jaspe, a safira, o carbúnculo, a esmeralda e o ouro; a obra dos teus tambores e dos teus pífaros estava em ti; no dia em que foste criado, foram preparados. Tu eras querubim ungido para proteger, e te

estabeleci; no monte santo de Deus estavas, no meio das pedras afogueadas andavas. Perfeito eras nos teus caminhos, desde o dia em que foste criado, até que se achou iniquidade em ti. Na multiplicação do teu comércio, se encheu o teu interior de violência, e pecaste; pelo que te lançarei, profanado, fora do monte de Deus e te farei perecer, ó querubim protetor, entre pedras afogueadas. Elevou-se o teu coração por causa da tua formosura, corrompeste a tua sabedoria por causa do teu resplendor; por terra te lancei, diante dos reis te pus, para que olhem para ti. Pela multidão das tuas iniquidades, pela injustiça do teu comércio, profanaste os teus santuários; eu, pois, fiz sair do meio de ti um fogo, que te consumiu a ti, e te tornei em cinza sobre a terra, aos olhos de todos os que te veem. Todos os que te conhecem entre os povos estão espantados de ti; em grande espanto te tornaste e nunca mais serás para sempre. (Ez 28:12b-19, ARC)

O trecho citado é uma profecia contra o rei de Tiro. É argumentada muitas vezes como uma passagem isolada de demais interpretações, porém acreditamos que se tratava da figura de Satanás. Descreve quem era Satanás antes de sua queda, e nos explica sua patente celeste e suas características angelicais. O texto todo é uma referência a sentimentos malignos em Tiro, tão semelhantes aos de Satanás, profetizados como se fosse para uma só pessoa.

Devo dizer que é uma perda muito grande quando não estamos abertos a receber a revelação por trás das letras. Por trás do rei Tiro, quem operava era Satanás, assim como aconteceu com Pedro (Mc 8:33). Outras passagens bíblicas fortalecem a interpretação segundo a qual os textos de Ezequiel 28:12 e Isaías 14:12 não se tratam somente das figuras do rei de Tiro e do rei da Babilônia, mas também da figura de Satanás. A soberba de Satanás (1Tm 3:6). Sua queda como uma estrela que caiu do céu (Lc 10:18). Seus poderes (2Ts 2:9). Seu início corrupto (Jo 8:44; 1Jo 3:8). Era Satanás que agia como serpente no Éden (Ap 12:9). Sua queda (2Pe 2:4). Seu fim no lago de fogo (Ap 20:10; Jd 1:6).

Satanás era um querubim ungido. Note que sua patente de "ungido" mostra-nos seu grau superior. Era um querubim, porém ungido. Além disso, assistia diante da presença de Deus. Seu prestígio não era insignificante, muito pelo contrário, sua patente era alta e sua capacitação também. O interessante nessa passagem era os sons que saíam dele, como se instrumentos estivessem cravados em seu próprio corpo. Não sabemos dizer com exatidão, mas o fato é que ele tinha sido criado com essas características musicais.

> "[...] a obra dos teus tambores e dos teus pífaros estava em ti; no dia em que foste criado, foram preparados" (vs. 13).

Além de toda sua posição superior, beleza e inteligência, ele era um modelo de comparação, o aferidor da medida. Aferir requer precisão, medida justa e um parâmetro de comparação. No caso, o parâmetro era ele mesmo. Ele sabia com exatidão a medida daquilo que era aceitável ou não diante de Deus.

Cremos que, apesar de sua contaminação, Satanás ainda sabe o que é e o que não é aceito por Deus. Ele certamente observa e diferencia as pessoas que temem a Deus, das que não O temem. Vemos isso na vida de Jó. Satanás observa Jó, afere suas intenções e conclui: *"Satanás respondeu: – Será que não é por interesse próprio que Jó te teme?"* (Jó 1:9, NTLH). Depois de ter uma experiência verdadeira com Deus, o próprio Jó admite que possuía um relacionamento superficial com Deus, que não era baseado em intimidade, e sim em medo (Jó 42:5).

Um dia, num dado momento, percebendo em si todas essas qualidades, beleza, poder e sabedoria, algo aconteceu dentro de Lúcifer. Um sentimento individualista de ganância por poder e reconhecimento brotou em seu coração. Ele acabara de criar o seu próprio veneno.

Uma coisa é muito importante entendermos: o primeiro pecado de Lúcifer não foi a rebelião, seu primeiro erro foi ter se orgulhado sobremaneira, de forma que se sentiu capaz de ser como Deus. Isso é muito importante, pois por vezes, em nossas interpretações a respeito do pecado, levamos em consideração somente a ação ou o erro que pode ser visto, e não damos atenção ao erro oculto, cometido em nosso interior. O pecado de Lúcifer, a sua iniquidade, foi o sentimento que teve antes da rebelião. O que aconteceu em seguida foi consequência (Sl 19:12).

Ninguém comete um ato tão sério de repente, ou seja, ninguém erra de uma hora para outra. Judas não traiu Jesus quando o entregou às autoridades, ele já o vinha traindo quando roubava dinheiro da bolsa de ofertas (Jo 12:6).

A Bíblia é clara em dizer que Lúcifer se engrandeceu por causa da sua formosura (Ez 28:17; 1Tm 3:6). Foi um sentimento de orgulho e vaidade que o dominou lentamente até que contaminasse também parte dos anjos do céu.

Enquanto Monica estudava o texto de Ezequiel, o Senhor lhe fez entender que Satanás almejava a honra que Deus possuía:

"Ninguém faz uma rebelião por um acesso de fúria. Quando se planeja se opor a uma liderança, é para obter o poder do líder. Nesse caso, era adoração que ele queria, o seu alvo era reconhecimento e poder. A hierarquia que possuía não era suficiente, seu alvo era o topo, o lugar do Criador.

Não posso basear nada do que digo somente em uma visão. A visão que tive não é base para minhas afirmações. Entretanto, o texto de Gênesis 3 mostra o comportamento e a proposta de Lúcifer no Éden, absurdamente semelhantes àquela que tive em minha visão.

A mesma proposta que convenceu os anjos em minha visão foi similarmente apresentada a Eva no Éden. Ter conhecimento dessa proposta e de como ela se apresenta hoje na nossa sociedade determinará sua atenção na fuga de tais armadilhas.

Talvez você esteja questionando sobre que tipo de relação tem tudo isso com o tema do livro. Tudo isso é importante para mostrar o que tem impedido a igreja de ter uma vida de adoração verdadeira."

O início da disputa

Como caíste desde o céu, <u>ó estrela da manhã</u>, filha da alva! Como foste cortado por terra, tu que debilitavas as nações! E tu dizias no teu coração: Eu subirei ao céu, acima das estrelas de Deus exaltarei o meu trono, e no monte da congregação me assentarei, aos lados do norte.
(Is 14:12-13, ARC, grifos nossos)

LOGO NO INÍCIO DO TEXTO vemos a expressão "ó estrela da manhã", indicando total espanto do locutor. É mesmo de se espantar, devido à extrema humilhação sofrida.

Expulso do céu e exonerado de sua patente junto a seus adeptos, Satanás foi humilhado como ninguém jamais havia sido. Antes, comparado à estrela da manhã, por causa de sua luz e beleza em meio às demais estrelas (anjos). Depois, Príncipe das Trevas, a Grande Besta, Antiga Serpente, preso a uma reputação mitológica de terror.

As demais estrelas ou anjos não se comparavam à antiga estrela da alva, que hoje sabemos que se trata de Vênus.[1] Apesar de todo o seu esplendor, o seu sentimento de grandeza o levou à insignificância. Ser expulso da presença de Deus foi somente o início de sua queda, porque muita humilhação ainda está prevista para ele até o fim dos tempos.

Agora existiam dois lados opostos disputando a adoração. A disputa era o trono, a honra, o domínio, o reino físico.

---

1 Na mitologia romana, a Vênus era a deusa da beleza e da sensualidade. A deusa era associada à estrela por seu brilho e beleza no céu, sendo a última estrela a sumir no amanhecer.

Todos os seres celestiais, porém, presenciaram sua derrota e humilhação, e como caiu do céu a estrela da alva. Na mesma semelhança que Satanás, os homens foram criados com duas escolhas, a vida ou a morte. A árvore do conhecimento do bem e do mal ou a árvore da vida. Apesar do aviso do Criador, as criaturas feitas do barro escolheram mal o seu futuro. Depois de criar seu veneno e infectar as criaturas que viviam aqui, Satanás assume o controle da raça humana. Por direito, esses inocentes seres escolheram algemar-se na vida proposta por Satanás. Presos por sua contaminação, tornaram-se marionetes da Antiga Serpente.

E disse-lhes [Jesus]: Eu via Satanás, como raio, cair do céu. (Lc 10:18, ARC, acréscimo nosso)

Os discípulos de Jesus maravilharam-se porque os demônios se submetiam ao nome de Jesus. Maravilharam-se porque realmente é algo surpreendente. Como podemos, nós, frágeis seres humanos, insignificantes bonecos de barro, dar ordem a um ser espiritual e ele obedecer? Imagine você, um faxineiro dando ordem ao dono de uma grande empresa para que se retire, e ele obedece. Satanás era o príncipe deste mundo (Jo 14:30), os seres humanos eram seus escravos, e por direito ele poderia usar e abusar de seus cativos. No entanto, Jesus coloca esses escravos acima de seu opressor. Era realmente maravilhoso que, no nome de Jesus, os demônios se submetessem.

Eis que vos dou poder para pisar serpentes e escorpiões, e toda a força do inimigo, e nada vos fará dano algum. (vs. 19)

Jesus não somente pisou na cabeça da Serpente, Ele nos deu esse poder (Rm 16:20). Tantos anos de sofrimento e escravidão esperando pelo Salvador, aquele prometido a Eva no Éden. *"E porei inimizade entre ti e a mulher, e entre a tua semente e a sua semente; esta te ferirá a cabeça, e tu lhe ferirás o calcanhar"* (Gn 3:15, ARC).

Apesar de toda honra dada ao homem, os discípulos não deveriam se alegrar por isso, pois essa não era a melhor parte. *"Mas, não vos alegreis porque se vos sujeitem os espíritos; alegrai-vos antes por estarem os vossos nomes escritos nos céus"* (Lc 10:20, ARC). Neste momento acontece algo muito interessante, quando a trindade interage no versículo seguinte. Jesus ora ao Pai impulsionado pelo Espírito Santo. *"Naquela mesma hora se alegrou Jesus no Espírito Santo, e disse: Graças te dou, ó Pai, SENHOR do céu e da terra, que escondeste estas coisas aos sábios e inteligentes, e as revelaste às criancinhas; assim é, ó Pai, porque assim te aprouve"* (Lc 10:21, ARC).

Que coisas são essas que o Pai escondeu dos sábios? Paulo, por diversas vezes, fala de um mistério, algo que Deus escondeu pelos séculos, mas revelou àqueles que têm o Seu Espírito (Rm 16:25; 1 Co 2:7; Ef 3:9).

<u>O mistério que estivera oculto dos séculos</u> e das gerações; agora, todavia, se manifestou aos seus santos; aos <u>quais Deus quis dar a conhecer</u> qual seja a riqueza da glória deste mistério entre os gentios, isto é, Cristo em vós, a esperança da glória. (Cl 1:26,27, ARA, grifos nossos)

O que realmente importa não é estar acima de Satanás em hierarquia, mas Cristo estar refletido em nós. Cristo é o exemplo de filho que Deus quer que sejamos. Isso é adoração! Ser a imagem de Seu filho Jesus. Essa é a nossa prioridade! Esse é o nosso foco, nossa força e nossa fé.

Ainda assim devemos usar de autoridade sobre a força das trevas. Devemos nos opor à sua proposta e denunciar os seus ardis. O que quero dizer é que, para que o reino de Deus se estabeleça em sua vida, é necessário que todos os outros reinos caiam.

Porque os que dantes conheceu também os predestinou para serem conformes à <u>imagem de seu Filho</u>, a fim de que ele seja o primogênito entre muitos irmãos. (Rm 8:29, ARC, grifos nossos)

Adorar é viver a proposta de Deus e rejeitar a proposta da Serpente. Adorar é amá-Lo como Filho, e se parecer com Ele para agradá-Lo.

Logo que temos a consciência disso, nos preocupamos em como poderemos ser a imagem do Filho. Devido à Sua graça, e não pelo esforço humano, mas é uma obra do Espírito Santo educando e constrangendo pelo Seu amor.

Adão não era um adorador, pois não tinha um ingrediente importante: o Espírito Santo. Ele possuía o sopro de vida, mas não era morada de Deus. Hoje temos o privilégio de sermos morada de Deus, mas tantas vezes escolhemos a proposta da Serpente.

CAPÍTULO 2 — O VENENO DA SERPENTE

> *Eles não podem crer, pois o deus deste mundo conservou a mente deles na escuridão. Ele não os deixa ver a luz que brilha sobre eles, a luz que vem da boa notícia a respeito da glória de Cristo, o qual nos mostra como Deus realmente é.* (2Co 4:4, NTLH)

VOCÊ JÁ CONVERSOU COM ALGUÉM que está tão obscurecido no entendimento que a impressão é a de viverem em mundos diferentes? A menor das palavras a respeito de quem Deus é e sobre o Seu poder é rejeitada. Cercadas de tantas filosofias e conceitos humanos, para essas pessoas a ideia de um Deus é como um conto de fadas. Esse é o efeito do veneno da Serpente. Poderosíssimo, esse veneno é imperceptível à vítima.

Depois de ter produzido e testado seu veneno, Satanás armou seu bote de mestre. Doravante, o plano era instalar seu reino entre as mais novas criaturas divinas. Essas criaturas estavam um pouco abaixo dos anjos, porém semelhantes ao Criador. Seria perfeito para seu novo reino, para executar seus planos até então frustrados.

Seu plano era muito simples. O alvo era novamente quebrar as regras do Criador, desmoralizar o Seu nome e Seu caráter. Quem sabe, escondido entre os arbustos, observava a criação e a primeira ordem objetiva dada ao homem: *"Frutificai e multiplicai-vos, e enchei a terra, e sujeitai-a; e dominai sobre os peixes do mar e sobre as aves dos céus, e sobre todo o animal que se move sobre a terra."* (Gn 1:28, ARC).

Seu plano não era mudar o assunto, somente o sentido. Em vez de frutificar, comer. Em vez de abençoar a terra, amaldiçoá-la. Em vez de administrar, destruir.

Ele já havia observado que o grande e poderoso Criador se relacionava com suas pequenas e frágeis criaturas com muito amor. Quem sabe quanto tempo já espreitava suas presas? Quem sabe quanto tempo esperou pela oportunidade de aplicar seu plano? Quem sabe quanto tempo levou para ganhar a confiança de Eva?

As condições para o homem estavam muito boas. Sua vida era tão fácil como respirar. Seus dias, tão leves como a pena e tão belos como as flores. O Pai estava sempre por perto dando sentido à existência e ensinando tudo o que precisavam saber. Não havia mais nada que eles pudessem desejar, a não ser viver intensamente. Uma má influência, porém, apresentou-lhe uma droga letal. Esse veneno causaria uma dependência tão destrutiva que uma só dose o faria dependente para sempre. Chamaremos essa droga de "Veneno da Serpente".

O Pai havia precavido a Seus filhos que o fim desse caminho era a morte, mas eles, cercados pelo desejo, não hesitaram em suas escolhas. Embora seu atencioso Pai tivesse tudo sob controle, agora Seus filhos precisavam aprender com o erro.

Foi um erro não ter dado ouvidos ao Pai. Foi tolice pensar que não haveria consequências. Aquele erro camuflado e voraz trouxe uma séria consequência àqueles filhos e às gerações seguintes: a morte.

A sagacidade dessa Serpente em enrolar suas presas indefesas é milenar. A astuta Serpente ataca principalmente o ego de suas vítimas, onde o veneno se instala e causa um bem-estar destrutivo. Sem a sensação de terem sido contaminadas, suas presas ganham, gradualmente, as propriedades de seu caráter.

Suas vítimas, não tão vítimas assim, agora são suas crias, tão capazes de suas ações e tão presas em seus sofismas. A Serpente mais venenosa que existe sabe muito bem como fazer para que, até a morte, suas pequenas adeptas não percebam o poder de seus aguilhões. Foi exatamente assim que fomos enganados no princípio.

O bote (a proposta)

Mas a cobra afirmou: Vocês não morrerão coisa nenhuma! Deus disse isso porque sabe que, quando vocês comerem a fruta dessa árvore, os seus olhos se abrirão, <u>e vocês serão como Deus, conhecendo o bem e o mal</u>.
(Gn 3:4-5 NTLH, grifos nossos)

SERÃO COMO DEUS?, Monica pensou. Ela já havia ouvido essa história anteriormente.

"Minha visão da rebelião!, um grito súbito ecoou em minha mente.

Há algum tempo, quando tive aquela visão, eu questionei muito se tudo aquilo tinha algum fundamento. Apesar da experiência, aquela visão deveria ter fundamento bíblico. Agora, porém, tudo estava ficando claro em minha mente.

Que outra proposta a Serpente poderia fazer, a não ser as mesmas feitas aos anjos? Todos os sentimentos que eram tão característicos seus estavam sendo injetados na corrente sanguínea de Eva. Na mesma semelhança dos anjos, Eva estava sendo convencida por Satanás. Então, repentinamente minha mente foi invadida novamente por uma enxurrada de semelhanças entre a rebelião e a queda do homem no Éden."

Certamente não morrereis. Porque Deus sabe que, no dia em que dele comerdes, se abrirão os vossos olhos, e sereis como Deus, sabendo o bem e o mal. (Gn 3:4-5, ARC)

Traduzindo em outras palavras: *"Deus está mentindo para vocês, ele não quer que você seja como Ele, por isso te proibiu".*

"Do mesmo jeito que na minha visão os anjos eram induzidos a pensar contra o caráter de Deus, assim a Serpente "colocou em xeque" a palavra de Deus e Seu caráter. Satanás implantou em Eva o mesmo sentimento que havia nele, o desejo de ser como Deus."

O bote da Serpente foi uma jogada astuta, e ela usa a mesma técnica até os dias de hoje. Vamos entender o porquê.

❖ **Lançar desconfiança**

"Certamente não morrereis". A Serpente começa seu encantamento lançando dúvida, enquanto se preparava para o bote. Satanás sabia que, se os convencessem de que não haveria consequências, eles seriam mais facilmente ludibriados. Essa primeira desconfiança também abriria caminho para continuar com sua estratégia.

❖ **Destruir laços paternos**

Seu próximo passo foi destruir laços de confiança, *"porque Deus sabe que [...]"*, em outras palavras, "Deus esconde que...". Sua estratégia agora era convencer que Deus não era confiável, e, ainda pior, convencê-los de que Deus estava privando-os de privilégios.

Destruir laços de paternidade era arrancar-lhes o chão sob seus pés. Significava tirar a segurança que uma vida ao lado de Deus lhes trazia. A quebra da confiança era para arrancar-lhes a identidade espiritual e, consequentemente, destruir a possibilidade de reconciliação. Ora, se não confiassem em Deus, logo confiariam na Serpente. Duvidar do caráter de Deus significava destruir toda a referência da paternidade divina.

❖ **Desejo por conhecimento**

Abalada pela suspeita, Eva foi bombardeada por algo que até então não conhecia: a ideia de que existia algo muito além do alcance de seus olhos.

"[...] seus olhos se abrirão [...]". Essas palavras ganham uma conotação ainda mais intensa. Havia chegado a hora do bote.

Esse era o ponto central de seu alvitre, o momento em que o veneno encontraria a corrente sanguínea de sua presa. É óbvio que deveria haver uma cláusula no contrato que fosse atraente a Eva, tão atraente que a fizesse rever se continuar a vida nos padrões de Deus valeria a pena.

É quase imperceptível que, no momento em que Eva era atraída pelo desejo do supremo conhecimento, algo estava mudando completamente a direção ou o âmago de seus sentimentos. A Serpente estava lhe ensinando a pensar em si mesma. Como uma voz que sussurrava em seus ouvidos: "Você não possui tudo de que precisa. Olhe para si mesmo e veja tudo o que você pode ter".

O desejo puramente individualista e de caráter abstrativo era algo novo para aquela inocente criatura. Até então aquele casal humano só havia conhecido um jeito de viver: frutificando, doando-se mutuamente pelo cuidado da terra e dos animais e formando, os dois, uma só carne. Eles conheciam uma vida de união e frutificação. Não sabiam usufruir de maneira egoísta, não conheciam o "ser mais", ou pensar em si próprios individualmente e com uma capacidade emancipada de viver. Tudo o que eles conheciam, pensavam e viviam tinham aprendido com o Pai, mas agora alguém estava corrompendo esse modo de vida.

❖ **Desejo por poder**

No veneno também continha o desejo por poder, *"sereis como Deus [...]"*. A ideia de ser como Deus era o aspecto central do desejo de Satanás. Sua grande ambição era ocupar o lugar de poder do Criador. Falar desse assunto era como assinar seu nome no contrato. Essa é a característica que marca a semelhança da proposta feita aos anjos. *"E tu dizias no teu coração: Eu subirei ao céu, acima das estrelas de Deus exaltarei o meu trono, e no monte da congregação me assentarei, aos lados do norte"* (Is 14:13, ARC).

Ter poder significa não se subordinar a ninguém. Ter poder é a realização do desejo de ser o melhor, o maior, e não precisar de ninguém. É fazer suas próprias regras e viver com liberdade, mas o motivo central é ostentar uma posição, ou seja, é puramente vaidade.

* **Desejo por independência**

"[...] *sabendo o bem e o mal*", ou seja, "*vocês decidirão suas próprias regras*".

Adão e Eva sabiam a diferença entre certo e errado. Possuíam habilidade em reconhecer o que era correto ou não, pois Eva admitiu que comer do fruto daquela árvore era errado (vs. 2). Mas, então, de que conhecimento Satanás falava? Ele falava de independência. Conhecer o bem e o mal é não precisar mais recorrer às regras de Deus. Se alguém tem poder para decidir suas regras, não precisará de Deus para isso. O que Deus dissesse não teria importância, pois eles mesmos decidiriam o bem e o mal.

Ser independente não fazia parte da natureza de Adão e Eva no princípio. Eles não eram indivíduos, os dois formavam a humanidade. Eva só passou a ter um nome, ou seja, ser indivíduo, depois do pecado (Gn 3:20). Antes, os dois faziam parte de um todo e doavam-se pelo bem desse todo. No entanto, ter conhecimento e poder significava independência.

Toda essa conversa girava em torno de ser independente, ou seja, ser como Deus, sabendo de tudo, decidindo tudo.

Quem precisa de Deus, sendo deus? Precisar, depender ou consultar seria coisa do passado. Essa era uma ideia totalmente atraente.

❖ Assinatura do contrato

"Então coma!" Este era o desfecho de sua armadilha. Comer do fruto daquela árvore era como assinar o contrato de escravidão. Comer significava dizer: "rejeito a proposta de Deus e aceito a proposta de Satanás". E assim aconteceu. O contrato foi assinado e então não houve mais volta.

Não sabemos que tipo de mudança o fruto daquela árvore proporcionou no corpo de Adão e Eva, mas sabemos que, antes mesmo de terem comido, Eva já havia sucumbido à tentação.

E viu a mulher que aquela árvore era boa para se comer, e <u>agradável aos olhos, e árvore desejável para dar entendimento</u>; tomou do seu fruto, e comeu, e deu também a seu marido, e ele comeu com ela. (Gn 3:6, ARC, grifos nossos)

O veneno da Serpente havia entrado em suas veias e já estava fazendo o efeito planejado. O sentimento de desejo pelo erro e por todas as propostas que haviam escutado estava ganhando cores vivas em suas mentes. Comer simbolizava selar o contrato.

Note que, antes de haver comido, Eva já havia pecado, pois ela olhou para o fruto e viu que era atraente e desejável aos olhos. Antes de comer, ela já havia sucumbido à tentação.

Ser tentado é diferente de ser convencido. Jesus foi tentado, mas nunca convencido. Eva foi tentada, atraída e convencida pela Serpente. Por isso, entendemos que, antes de ter comido o fruto daquela árvore, o pecado já havia sido concebido.

Mas cada um é tentado, quando atraído e engodado pela sua própria concupiscência. Depois, havendo a concupiscência concebido, dá à luz o pecado; e o pecado, sendo consumado, gera a morte. (Tg 1:14-15, ARC)

Desde criança aprendemos que o pecado de Adão e Eva foi a desobediência. Nós críamos nisso até perceber que, antes de comer o fruto da árvore, Eva já havia errado em seu interior, quando duvidou do caráter de Deus, quando duvidou de que Ele era confiável e que tinha o melhor para eles. O pecado não foi descumprir ordens, mas aceitar outros padrões éticos, ou seja, outra proposta de vida.

Deus nunca foi impositivo, Ele sempre deu uma escolha ao homem. O erro do homem foi aceitar a proposta errada. Não podemos olhar o pecado superficialmente, temos que entender que nossos erros nem sempre são aparentes.

Assim como Satanás, Eva sucumbiu à tentação antes de seus atos pecaminosos. O desejo, a ganância e a fome a dominaram e continuam dominando o ser humano. Por isso, *"todos pecaram"* (Rm 3:23). Porque não há nenhum, nenhum sequer, que secretamente não tenha sido levado por seus desejos. E não adianta se esconder, pois essa é a natureza errante que possuímos.

Contrato selado

A HUMANIDADE CONTINUA a aceitar a proposta da Serpente, dia após dia. Como um dependente químico, que, apesar de saber como seu vício custa caro, passa a aceitar sua condição por puro prazer.

A raiz dos males que destroem nossa sociedade é a proposta da Serpente sendo obedecida por anos a fio. A maneira como o homem explora o planeta, os animais e os que estão ao seu redor. A ganância que faz com que muitos morram de fome enquanto outros ostentam seus carros luxuosos, iates e jatinhos particulares. Homens milionários incapazes de se comover com a desgraça alheia. Incapazes de se desfazer de um pouco dos seus bens, porque se convenceram de que luxo é necessidade. Toda essa ganância por possuir, explorar, iludir, ludibriar é o veneno de Satanás correndo em nossas veias.

Em nossa sociedade, essas propostas estão em atividade, interagindo em nossa vida. Satanás fez muito bem o seu trabalho, pois seu alvitre ganhou requinte na mente da raça humana. Tudo o que ele plantou no homem fez muito sucesso, e, ao longo de milhares de anos, o homem evoluiu cada parte do acordo com a Serpente. Hoje, aquele que ousa denunciar tais pactos é considerado louco. Até mesmo o pseudocristianismo entrou na dança, e, gradualmente, se vendeu e continua se entregando a esses atraentes pactos.

O ponto central do contrato feito entre Eva e a Serpente está em querer ser como Deus. Esse desejo provinciano nasceu em Satanás e foi injetado no homem, mas foi combatido por Cristo; *"Que, sendo em forma de Deus, não teve por usurpação ser igual a Deus"* (Fp 2:6, ARC). Em nossa sociedade, porém, esse desejo desenvolveu-se em diversas toxicidades.

Individualismo

NÃO SE ENGANE, pois nossa natureza inicial coletiva não se parece com a coletividade que vivemos hoje em nossa sociedade. Adão e Eva não sabiam o que era individualismo, eles não se viam como um ser restrito. Adão e Eva formavam a humanidade, macho e fêmea. Eles viviam para contribuir com o coletivo, pois essa era a principal tarefa deles (Gn 1:28). No entanto, antes que Eva tomasse do fruto da árvore para comer, seus sentimentos já haviam sido contaminados pelo veneno do individualismo. "*Sereis* como Deus", e "*seus* olhos *se abrirão*", refletem a vontade de emancipação de Deus. Em outras palavras: "você não possui tudo"; "você pode ter, ser e fazer coisas inimagináveis!".

O "você pode" é o que move a nossa sociedade. As frases positivas centradas na capacidade do homem em ser mais e ir além estão presentes nos *outdoors* da vida. As pessoas querem muito, por isso tentam de tudo, mesmo que seja preciso passar por cima da própria dignidade, moral e princípios.

Essa é a frase que Satanás tem usado neste século para fazer do homem o seu próprio deus. Você pode se curar, pode ganhar mais, achar o equilíbrio da vida, pode crescer, aparecer. Você pode qualquer coisa, basta querer.

"O que há de errado nisso?", alguns perguntariam. Temos que ser determinados, correr atrás de nossos objetivos, e não esperar que "caiam do céu"; "quem não luta, não ganha!".

Pergunte a si mesmo: "O que eu tanto almejo é aquilo que Deus planejou para mim?", "Eu tenho corrido atrás de meus objetivos sozinho (sem consultar o Senhor)?", "Será que não há um motivo oculto na minha luta?".

Muitas vezes, nossos desejos são aparentemente inocentes, mas nossa motivação é maligna. Daremos um pequeno exemplo. Não há nada de errado em querer um emprego melhor, ou subir de cargo, porém um motivo oculto impulsiona sua vontade, por exemplo: "esfregar na cara de alguém que você é capaz de vencer, crescer e se dar bem na vida". Esse sentimento oculto é o veneno da Serpente fazendo efeito em sua alma.

Deus é o rei soberano. Quem é filho Dele tem sentimentos, vontades, desejos, projetos e ações voltadas para Ele. Quem é filho de Deus é totalmente dependente dos desígnios Dele, mesmo que sejam opostos aos seus. Quem é filho do Rei só lutará mediante a ordem de comando do Rei. Os filhos do Reino só se esforçam mediante os projetos do Rei. Caso contrário, seus empreendimentos estão focados no alvo errado.

Nada subsiste isolado ou desajudado. Tudo, desde um átomo até toda a complexidade do universo, é formado de um coletivo ou faz parte dele. A natureza e o ecossistema interagindo entre si e mantendo equilíbrio. O corpo humano, composto de células que formam tecidos, órgãos e, por fim, o organismo, também trabalha em unidade. Olhe ao seu redor, tudo o que seu olho alcançar é formado por um conjunto de partículas, cada uma dependendo da outra. Deus nos cercou dessa lógica e nos inseriu nela. Entretanto, o ser humano é o único que acha que pode se gloriar de sua individualidade.

O individualismo se tornou uma expressão bem-aceita nos nossos dias, e alguns o diferenciam do egoísmo. Se olharmos um pouco mais de perto, porém, perceberemos que o egoísmo não existiria se não fôssemos individualistas. Se nos olhássemos como seres coletivos, não existiria espaço para narcisismo.

O mais perto que chegamos da coletividade foi com o Contrato Social – conceito de Jean-Jacques Rousseau –, no qual o indivíduo abre mão de seus direitos individuais, dando-os a um governo ou autoridade. Ora, além de ser mais fácil viver coletivamente, precisamos e dependemos do coletivo.

Fomos criados para desejar o coletivo, porém adotamos uma proposta individualista em nossa sociedade. Este é o grande antagonismo da vida cristã: apesar de estarmos inseridos numa sociedade individualista, fomos criados por Deus para vivermos em unidade.

Dos dois principais sistemas econômicos, capitalismo e socialismo, vemos que o socialismo tem perdido a luta. O socialismo científico (marxista), apesar de toda a "pompa", não é funcional porque somos corruptos na essência. Tão utópico quanto o Socialismo Utópico é a ideia de que um dia os proletários se levantarão em defesa do coletivo. Não sendo pessimistas, mas realistas, pois todos os homens estão contaminados pelo individualismo, pela ganância e pelo desejo por independência, o homem no poder é corrupto. É isso que somos, é assim que seremos até que sejamos salvos de nossos próprios desejos. Em seu estado pecaminoso todos os homens são alienados. Não somos escravos porque servimos como proletários ao capitalismo, somos escravos da nossa natureza individualista. O capitalismo que parece vencer nessa briga é a expressão do nosso individualismo, pois o favorece. E que fique claro que não estamos defendendo nem um sistema nem outro, mas nossa intenção é mostrar que desde o começo o homem tem se desenvolvido para um estado cada vez mais individualista.

O grande problema não é o sistema econômico, e sim a ganância no homem. Nenhum sistema econômico funcionará enquanto o homem estiver no comando. Todos nós somos corruptos de alguma maneira. Todos nós decaímos da proposta de Deus e nos tornamos semelhantes à Serpente.

Seja no capitalismo ou no socialismo, o indivíduo, com sua ganância, irá explorar o vulnerável; isto é um fato. Outro fato é que aquele que possui poder, seja eu, seja você ou qualquer um, será seduzido pela "dança da Serpente".

No "Projeto Cristo", Deus traz de volta o conceito de unidade e dependência à sua igreja e coloca Cristo como cabeça desse corpo (1Co 11:3), pois Cristo foi o único a não ser seduzido pelo príncipe deste mundo. E, por conta dessa vitória, deu-nos o antídoto, o Espírito de Deus, que nos exorta e disciplina a fim de não sermos condenados com o mundo. Apesar de toda essa obra redentora de Cristo, na prática ainda sentimos imensa dificuldade de viver em comunhão com o corpo, porque existe um antagonismo morando em nós. Essa mudança é gradual, uma verdadeira morte, e mudança de velhos hábitos.

O narcisismo foi o primeiro pecado de Lúcifer. A Bíblia conta que um dia Lúcifer enxergou-se, enxergou o seu potencial e quis promover-se. Antes da rebelião, em seu coração, ele quis ser mais.

E tu dizias no teu coração: Eu subirei ao céu, acima das estrelas de Deus <u>exaltarei o meu trono</u>, e no monte da congregação me assentarei, aos lados do norte. (Is 14:13, ARC, grifos nossos)

Ele não somente notou suas habilidades e beleza, mas decidiu que merecia um reconhecimento maior por elas. Percebeu que podia ser mais, ser como Deus.

O narcisista é aquele que ama e admira exageradamente sua própria imagem. O narcisista tem uma visão exagerada sobre si e por isso sente-se depreciado pelos demais, ou seja, sente que não lhe conferem a devida honra pelo que é ou faz. Quando isso acontece no ser humano, o trono onde deveria estar sentado o Senhor fica ocupado com a sua própria imagem.

Em nossa família, sempre que alguém se vangloriava de um feito ou conquista, nós brincávamos dizendo: "Me orgulho de ser humilde". É lógico que era uma maneira de ironizar, uma vez que o orgulho sempre será um empecilho para a humildade. Apesar disso, nossa brincadeira é facilmente observada em muitas pessoas cheias de si por acharem a sua imagem demasiadamente bela. Olham para si e veem um exemplo de perfeição. São cristãos cheios de si porque se veem santos, irrepreensíveis, incapazes de falhar.

Satanás ama quando o homem se coloca no topo, ele se identifica com esse sentimento. Ele realmente sabe quando outras coisas ocupam o trono da sua alma, a fim de que adore a qualquer coisa, menos a Deus. Adore a si mesmo, seus bens, sua capacidade de conquistar, descobrir e de subir os degraus, seja o que for. Essa é a proposta da Serpente. Talvez o trono que você almeja é o da sua empresa, ou um padrão social que você queira conquistar, ou o reconhecimento das pessoas que um dia não acreditaram na sua capacidade. Será que o seu trono é subir nos púlpitos, gravar um CD e ser um famoso cantor gospel, ou se tornar reconhecido na sua igreja local? Se esse é o seu caso, se é isso que sua alma anseia, saiba que Deus quer libertá-lo dessa escravidão e fazê-lo descer do pedestal, assim como Cristo se humilhou até a morte. E, se algum dia Deus resolver exaltá-lo, que seja para que você diminua, e Ele seja adorado.

O individualismo também atinge nossos relacionamentos. Incompatibilidade, traição, ciúme, competição, agressividade, crises financeiras são os maiores causadores de divórcio. E não é difícil identificar o foco do problema. O esforço por manter nossa individualidade preservada é a raiz do problema. Duas pessoas diferentes, querendo coisas diferentes, consequentemente agindo de maneira diferente e pensando em sua própria felicidade. É um grande desafio viverem juntas sem serem "uma só carne". Isso não era problema para Adão e Eva no princípio, mas é um grande problema hoje. A solução seria que essas duas pessoas, apesar das diferenças, vivessem com um só pensar e agir, comprometidas em fazer uma a outra feliz. Para alguns, isso é utopia, já que somos extremamente "umbiguistas". Não queremos dar o braço a torcer e admitir os erros, abrir mão do que desejamos pelo outro, ou, pior, fazer o que não gostamos pelo bem do outro.

Será possível viver como uma só carne? Essa era e ainda é a proposta de Deus para o homem, mas nos afastamos tanto de sua proposta que por vezes achamos impossível. No entanto, nem sempre foi assim. O ser humano foi se especializando nessa "arte" ao longo dos anos e, ao nosso modo de ver, o capitalismo foi o filho desse árduo trabalho.

O capitalismo monopolista, basicamente, caracteriza-se por acúmulo e acréscimo de capital, a fim de monopolizar o mercado; por conseguinte, sem essas condições, irá à bancarrota. Se todos os dias uma empresa fechar em débito, em pouco tempo irá à falência. Essa lógica matemática simples está entranhada em nossa metodologia de vida.

Vivemos em um sistema capitalista de mercado, mas, principalmente, vivemos na era da mente capitalista. Esses seres individualistas evoluíram suas mentes para um estado patológico, e se tornaram mentes doentes por possuir, extrair, extorquir etc. Somos engolidos por essa lógica onde quer que estejamos; até mesmo dentro de nossas igrejas, somos massacrados pela "massa capitalista e individualista cristã".

O mundo tem abandonado todas as coisas para possuir e acumular. Esse acúmulo jamais tem fim, pois o homem nunca está verdadeiramente satisfeito, não existe limites ou saciedade, somente mais fome. Esse monstro insaciável engole os anos e a energia de suas vítimas; estão presas na sedenta busca do capital sem perceber que já estão priorizando-o e adorando-o.

Os homens abandonaram suas maiores riquezas pelo cifrão, e todos os outros valores da vida foram deixados de lado. Filhos, cônjuge, saúde, descanso, moral, dignidade devem esperar até que se consiga o capital esperado. E todas as coisas que realmente importam para a humanidade são desprezadas pela mente capitalista.

Não para por aí. Depois de se instalar na mente, o veneno infecta todas as áreas da vida humana. Em nossos relacionamentos, pensamos no lucro que teremos. Se o(a) namorado(a), cônjuge ou amigo(a) não suprir as necessidades, carências e expectativas esperadas, então são facilmente descartados, pois não estão gerando lucro. Se Deus não estiver abençoando e prosperando como o esperado, logo é questionada a vantagem de servi-Lo. Só há espaço para o lucro, do contrário entramos em crise. O cifrão tem tomado conta dos nossos púlpitos, e, consequentemente, tem tomado o lugar de Deus na vida de muitos cristãos, roubando a adoração.

Para que precisamos ter tanto? Nossa desculpa é sempre a mesma: para sobreviver com dignidade ou para pagar as contas. Entretanto, quando temos o necessário para viver, nossa sede não é saciada e nossa carência não é suprida. Mesmo conscientes do consumo exagerado, continuamos consumindo e vivendo em função de pagar essas dívidas. Não se engane! A ansiedade do homem é pela independência e autossuficiência. Queremos riquezas para ostentar os luxos, e principalmente para não precisar de ninguém.

O que fazer diante do individualismo? Qual é o sentimento que devemos ter? A ajuda mútua é o antídoto para essa proposta da Serpente.

O individualismo é a proposta da Serpente. A doação é a proposta de Deus. Se você retém o que tem, não ajuda, não divide, não colabora para o Reino, não serve o seu irmão. Você, então, é um adorador de Satanás.

Você é um cristão rico? Então, fique ciente de que a riqueza que Deus deu a você não é sua, não lhe foi dada para acumular, mas para dividir. Reparta tudo, até mesmo sua alegria e sua gratidão. Compartilhe o pão, o tempo, a fé, enfim, sua vida. Você construiu sua casa, construa uma para seu irmão. Você tem um carro, dê carona. Você tem uma família, adote outra. Sirva, reparta, ame e você estará imitando Cristo. Isso é adoração!

Tenha paciência de esperar pelo seu irmão. Seja tolerante com a fraqueza do próximo. Perdoe aquele que te fere, e ame quem te odeia. Admita seus erros, e compreenda os erros do outro. Ofereça um ombro a quem chora, e seja duro com quem se escora. Exorte em amor, com a motivação de erguer aquele que erra. Doação mata o individualismo.

Independência

Essa individualidade egoísta está intrinsecamente ligada à independência.

Ser independente é a emancipação de qualquer tipo de controle, autoridade, regra ou lei, socorro ou salvação. Ser independente é fazer o que se quer, quando se quer, sem prestar conta de seus atos a ninguém. Quem não gostaria de viver sem prestar contas de seus atos a ninguém? Sabe por que a ideia nos atrai tanto? Porque está arraigada em nossa natureza.

Independência é autossuficiência de ajuda ou salvação, pois, se preciso de ajuda, não sou independente. A independência é tudo o que o homem quer e da qual não deseja abrir mão. E se somos dependentes de algo é da independência.

A rebeldia é exatamente o desejo pela independência. Quem já não ouviu a história de um adolescente que quer se emancipar da autoridade de seu pai e de sua mãe? Tudo tem uma aparente justificativa para a rebelião, assim como Satanás tinha sua própria justificativa. No entanto, o fato é que não gostamos de ser mandados, queremos mandar, queremos as coisas do nosso jeito, e nunca, jamais estamos satisfeitos.

Exigimos a perfeição daquele que exerce autoridade sobre nós, mas quando somos cobrados exigimos tolerância e compreensão. Essa falta de equilíbrio na balança, que sempre favorece o "ego", é o veneno da Serpente.

O homem se rebela contra Deus de diversas maneiras: rejeitando o Seu caráter, ou seja, contestando Sua santidade, questionando suas decisões, sua forma de agir na história, a maneira como rege o mundo, ou ignorando-O por completo, uma vez que crer em Deus compromete-nos. Precisar de um salvador significa admitir fragilidade, dependência, erro e ignorância. Nunca se humilhar, jamais admitir, sempre ter razão, conhecer tudo e descobrir sozinho, este é o desejo humano.

A ciência sobrevive da dúvida. Quanto maior for a dúvida, maior poderá ser a dimensão da resposta. Sem a arte da dúvida, a ciência não tem como sobreviver e expandir a sua produção de conhecimento. (CURY, Augusto, 2006)

A ciência é o esforço para aumentar o conhecimento humano através do pensamento racional, e isso significa aprender sobre tudo sem a interferência divina. Nisso, o ser humano é experimentado, e possui seus métodos empíricos.

Não há espaço para Deus na ciência, a não ser que Ele se deixe ser estudado e provado em um método científico. Deus, porém, só se revela por meio da fé, porque Ele espera dependência e rendição primeiro, só então se deixará ser experimentado. O método de experimento de Deus é a fé, e Ele não se submeterá a outro.

Por que será que Deus quer dependência e rendição primeiro? Porque precisamos negar a proposta que a Serpente fez no Éden. Precisamos aprender a humildade. Assim como Jesus se humilhou, na mesma semelhança devem ser nossos sentimentos.

O ser humano crê naquilo que escolhe crer. Se Deus aparecesse no céu e mostrasse sua face, os homens diriam que aquele era um holograma feito por um religioso qualquer. Cristo já veio ao mundo e mesmo assim não creram nele. E não crerão porque estão dominados pelo veneno da Serpente.

Da independência deriva a incredulidade. O ateísmo é uma das formas de subtrair Deus da equação. A incredulidade traz uma falsa sensação de liberdade, uma enganosa sensação de alívio das regras e leis da religião. Ora, o peso do erro ou do pecado gera incômodo, portanto livrar-se desse peso retirando Deus da consciência traz um suposto sossego e independência. Lembre-se da proposta da Serpente. O conhecimento do bem e do mal oferece o poder de decidir suas próprias regras. O homem incrédulo estabelecerá regras próprias para sua vida.

Eventualmente, nossa incredulidade ocorre pelo mesmo fator: independência. A fé exige entrega, confiança, dependência. Ora, sabemos que Deus é o ser mais confiável e poderoso que existe. A complexidade tanto do universo como do funcionamento de um átomo aponta para um arquiteto extremamente poderoso, uma mente inteligente na criação de todas essas coisas.

A Terra possui tamanho e forma perfeitos, sua gravidade e tamanho asseguram uma camada de gases como o nitrogênio e o oxigênio, elementos imprescindíveis para a vida. A Terra é o único planeta conhecido que contém uma atmosfera com a mistura exata de gases para a vida humana. Possui posicionamento perfeito no Sistema Solar; apenas uma variação fracionária tornaria a vida impossível. Olhando para nosso próprio corpo vemos as mãos de um arquiteto. O cérebro registra respostas emocionais, pensamentos e lembranças por impulsos elétricos. O cérebro humano processa mais de um milhão de mensagens por segundo, enquanto avalia as mais importantes, permitindo que o homem aja mediante as mais relevantes. Ora, se cremos nessas evidências, por que é tão difícil confiar em Deus? Simplesmente porque somos independentes.

Em um momento Deus nos manda esperar e nos agitamos para agir; em outro, Deus nos manda avançar e nos amarramos para ir. Gostamos mesmo é de fazer nossa própria vontade, na hora que queremos, pelos motivos que julgamos ser certos.

Trabalhando como líder na igreja, percebi como o ser humano tem dificuldade de admitir seus erros e fragilidades. Somos rápidos em analisar os defeitos e limitações dos outros, mas emudecemos diante daquilo que somos. O ser humano não consegue enxergar que suas decisões não são as melhores, mas, sim, as de Deus. Analisando esses defeitos no ser humano, percebia minha própria dificuldade em crer que Deus é capaz de mudar o homem, e por causa disso desistia facilmente das pessoas, enquanto Deus pacientemente me esperava entender. E, mesmo constatando todo esse amor e paciência de Deus, ainda assim não nos entregamos totalmente a Ele.

É por isso que acordamos todos os dias acreditando que nosso sustento vem de nossas mãos, que com nosso próprio trabalho construiremos um mundo melhor. Por essa razão, vemos com tanta clareza os feitos de nossas mãos, mas não os feitos das mãos do Criador.

Ignorar a consequência de nossos atos também é fruto da independência. Ocasionalmente fugimos da reflexão de nossos erros e sofrimentos. Preferimos culpar a terceiros, julgando-nos inocentes. Nem Adão nem Eva tomaram para si a responsabilidade sobre seus atos. Adão deveria se responsabilizar, afinal ele era o líder. Eva deveria ter sido corajosa, afinal ela errou primeiro e conduziu seu marido ao erro. No entanto, eles preferiram se livrar da culpa. E assim vivemos, a cada dia, "empurrando com a barriga", desinteressados, e fugindo da responsabilidade de nossas escolhas e caminhos.

Não erreis: Deus não se deixa escarnecer; porque tudo o que o homem semear, isso também ceifará. (Gl 6:7, ARC)

Vivemos em um mundo dualista graças à nossa independência e ao nosso individualismo. Precisamos viver coletivamente, porém preferimos a independência. Convivemos com a ciência apesar da fé. Relacionamo-nos apesar de sermos individualistas. Pensamos em autoajuda enquanto autores dos problemas que enfrentamos. São tantas contrariedades, mas continuamos escolhendo o mesmo caminho.

A cada ano que passa, percebemos a destruição dos valores que preservam a família. O efeito que uma educação sem limites tem sobre uma criança, e o efeito que causará ao filho dessa criança futuramente, passando para as próximas gerações. Uma sociedade doente, problemática, porque seus fundamentos estão podres. Satanás começou lá no Éden a destruir a primeira instituição criada por Deus, e fez isso quando destruiu os laços de paternidade. Não que o diabo seja culpado por tudo, de forma alguma. O culpado somos nós. Eva culpou a Serpente e não deu certo. Deus sabe, e ainda espera que Seus filhos se voltem a Ele e dependam Dele. Esse é o caminho da adoração.

Porque muitos há, dos quais muitas vezes vos disse, e agora também digo, chorando, que são inimigos da cruz de Cristo, cujo fim é a perdição; cujo <u>deus é o ventre</u>, e <u>cuja glória é para confusão deles</u>, que <u>só pensam nas coisas terrenas</u>. (Fp 3:18,19, ARC, grifos nossos)

Não são exatamente esses os males gerados na nossa sociedade? A dúvida ou a incredulidade, a destruição dos laços afetivos, a ganância por poder, conhecimento e independência? Se você consegue enxergar todas essas coisas, não se glorie, pois isso traz o peso da responsabilidade e a agonia por uma mudança.

CAPÍTULO 3 — O CONHECIMENTO DO BEM E DO MAL

"*E VIU A MULHER que aquela árvore era boa para se comer*". Boa para se comer?! Que tipo de bem ela esperava ter? Eva estava realmente convencida de que havia algo bom por trás daquela misteriosa árvore. É incrível como nos convencemos facilmente de coisas aparentemente boas. Acreditamos que o bem momentâneo disfarça o mal latente.

Apesar de viverem o bem, eles não discerniam o tamanho do bem que viviam, pois viviam os padrões do Criador. Sabiam o certo e o errado porque Deus havia dito, e não porque discerniam isso por si só. No entanto, ao comerem daquela árvore, poderiam saber tanto o bem como o mal. As folhas em branco da mente de Eva seriam rabiscadas pelo conhecimento que a árvore traria.

Em nossa maneira de ver e em nossa sociedade, o conhecimento é supervalorizado. Que mal poderia haver em ter conhecimento? "Nenhum!", responderíamos de imediato.

Adão e Eva possuíam conhecimento, mas o conhecimento da proposta de Deus. Afinal, era tudo que precisavam saber, mas o conhecimento vindo da árvore geraria morte, como Deus já havia avisado.

Uma vez ouvi alguém dizer: "O saber é a grande mola do desenvolvimento humano. É por não saber que criamos cultura, artes, ciências e tudo de bom, mas também tudo de ruim que isso pode produzir". Essa é a grande questão. A ciência trouxe muitos benefícios à humanidade, mas também trouxe grandes males.

Gosto muito de ler os fóruns de discussão em sites para saber a opinião das pessoas sobre os mais diversos assuntos. Diante da frase "Por que o conhecimento é importante para você?", as respostas foram muito interessantes. Para todos, o conhecimento é bom e essencial para a sobrevivência em nosso mundo. Quem não o possui está em trevas. Quem não o possui é facilmente manipulável, vítima de abuso e exploração. Por certo, sem conhecimento na selva que enfrentamos todos os dias, é quase impossível pensar em sobrevivência. E é exatamente por isso que buscamos o conhecimento, para sobreviver. Seja para se defender ou para manipular, o conhecimento é o instrumento usado a fim de se obter retorno em todas as áreas. Estudamos muito para ganhar muito e então ostentar nossos feitos e realizações. Quando falamos de conhecimento de Deus, porém, as pessoas ficam ligeiramente desinteressadas, porque esse conhecimento não traz o retorno que esperamos, ou seja, não gera lucro humano.

Não nos entenda mal! Não somos contra estar bem informado, estudar etc. Nós também buscamos estar bem informadas sobre diversos assuntos. Não tente viver sem conhecimento, pois você não vai conseguir. Vivemos nesta lógica, e sem o conhecimento necessário não podemos fazer nada. Entretanto, o conhecimento de Deus deve superar todos os outros conhecimentos que possuímos. O conhecimento que vem do alto deve ser nossa bússola, o norte fanal.

> *Por esta razão, nós também, desde o dia em que o ouvimos, não cessamos de orar por vós, e de pedir que sejais cheios do conhecimento da sua vontade, em toda a sabedoria e inteligência espiritual.* (Cl 1:9, ARC)

No texto citado anteriormente, Paulo expressa sua preocupação com os colossenses. A igreja de Colosso estava sendo bombardeada com uma heresia que colocava em xeque a pregação do Evangelho genuíno. Paulo sabia que o conhecimento, a sabedoria e a revelação seriam armas eficazes nessa luta.

Quando o conhecimento da vontade de Deus supera os conhecimentos humanos na nossa vida, dificilmente seremos pegos em algum engano.

E como engana! Bem no fundo acreditamos que o conhecimento humano nos trará vida, enquanto a vida vem do conhecimento de Deus. Este é o grande desafio para o cristão deste século: em meio a tanta informação atraente, estarmos mais focados em conhecer a Deus e ao Seu filho, Jesus.

> *E a vida eterna é esta: que te conheçam, a ti só, por único Deus verdadeiro, e a Jesus Cristo, a quem enviaste.*
> (Jo 17:3, ARC)

Presenciamos um desenvolvimento tanto tecnológico como científico. Nunca foi tão fácil ter acesso a todo o tipo de conhecimento, e nunca houve tanta facilidade metodológica de ensino. Se o conhecimento é tão bom, por que presenciamos uma época de tanta destruição de valores? Nunca tivemos tanta facilidade de comunicação, através da tecnologia e, principalmente, das redes sociais. Apesar disso, o que deveria nos aproximar nos tornou cada vez mais distantes. Temos dados precisos dos problemas mundiais, mas nunca fomos tão indiferentes e irreflexivos sobre eles.

> *Essa não é a sabedoria que vem do alto, mas é terrena, animal e diabólica [...] Mas a sabedoria que do alto vem é, primeiramente pura, depois pacífica, moderada, tratável, cheia de misericórdia e de bons frutos, sem parcialidade, e sem hipocrisia.* (Tg 3:15-17, ARC)

Há uma grande diferença entre conhecimento e sabedoria. O conhecimento é o número de informações que acumulamos ao longo da nossa vida. Usá-las corretamente nos fará sábios; rejeitá-las nos fará tolos. O conhecimento de Deus, no entanto, gera uma sabedoria divina, e essa sabedoria produz bons frutos.

Como saber se temos a sabedoria que vem de Deus? Simples! Nossas atitudes para com o próximo assim revelarão.

O conhecimento que vem da árvore também produz um fruto atraente, porém diabólico. O conhecimento humano é o caminho que guia o homem para longe de Deus.

O bem

SE VOCÊ PENSA QUE A SERPENTE só havia contado mentiras, está enganado. Eram meias verdades, do mesmo jeito que a árvore era metade do bem, metade do mal. Os olhos deles se abriram e o conhecimento prometido floresceu em suas mentes. Ao contrário do esperado prazer, porém, os sentimentos eram de vergonha e insegurança. Ficava claro que a Serpente os havia enganado com meias verdades, as mesmas meias verdades que nos enganam até hoje. Apesar de uma meia verdade conter uma informação verdadeira, meias verdades são mentiras, porque a verdade não pode ser pela metade. Meia verdade é manipulação, engano, trapaça.

A semente dessa árvore está plantada em nós, e apresentamos os dois sintomas morando em nossa mente: o bem e o mal. Esse antagonismo intrínseco nos convence de que não somos tão maus assim. Justificamos o mal que fazemos com o bem que supostamente fazemos.

Há quem acredite que existam homens bons e outros maus, e que somente uma pequena parcela nasce com um distúrbio maligno. Entretanto, nas Escrituras vemos outra concepção.

> *Desviaram-se todos e juntamente se fizeram imundos:*
> *<u>não há quem faça o bem</u>, não há sequer um.* (Sl 14:3,
> ARC, grifos nossos)

Na ótica de Deus não há ninguém que faça o bem, mas para os padrões humanos o homem faz coisas boas. Então, o que faz homens maus produzirem boas ações? A resposta é simples: o conhecimento do bem e do mal nos tornou autossuficientes para as duas coisas.

A famosa frase "os fins justificam os meios",[2] que representa bem o comportamento maquiavélico, colocando o homem acima da ética e da moral, a fim de alcançar seus objetivos. Em outras palavras, não importa o mal que se faça, contanto que seja para um bem maior. Não sabemos se era exatamente o que Nicolau Maquiavel queria dizer, mas muitas pessoas legitimam suas ações baseadas nesse pensamento.

O jargão popular "é em prol de uma boa causa" algumas vezes expressa o mesmo conceito, o mal sendo justificado com um bem. O mal presente em Caim, que o fez cometer o primeiro homicídio, mesmo após ter acabado de ofertar bondosamente. Todo o temor de Davi para com as leis de Deus não deteve suas mãos de matar Urias, a fim de acobertar o adultério com a mulher do soldado (2Sm 11).

Essa é a semente da árvore do conhecimento do bem e do mal, e é isso que nos faz arbitrar nossas ações. Decidimos como e quando convém fazer o bem ou o mal. Essas duas águas correm no pensamento e nas atitudes do ser humano, de maneira que a pessoa mais doce e agradável pode ser capaz de grandes atrocidades, enquanto as mais perversas, capazes de gestos de bondade.

Adolf Hitler foi uns dos homens mais cruéis da História, responsável pela morte de mais de 30 milhões de pessoas. Apesar de sua ficha aterrorizante, a Alemanha da época, mutilada pela guerra, acolheu Hitler como um presente de Deus.

---

2 Frase que representa *O príncipe*, de Nicolau Maquiavel. Apesar de nunca a ter escrito, para alguns essa frase representa toda a lógica contida no livro.

A maioria da igreja alemã foi levada pelo engano do bem, e apoiou Hitler por acreditar que o nazismo seria *"a janela da nossa era através da qual a luz desceu em nosso Cristianismo. Através dele, fomos capazes de ver o Salvador na história da Alemanha"*. (Pr. Siegfries Leffler, em *Havia duas árvores no jardim*, de JOYNER). Somente uma pequena parcela da igreja foi opositora a esse engano, como o pastor Dietrich Bonhoeffer, que foi preso e enforcado por ajudar judeus a fugirem dos campos de concentração.

O sistema cujo aparecimento pareceu tão bom para os cristãos alemães chocou o mundo com seus feitos malignos, mas sua natureza não tinha mudado. O bem do homem é apenas a outra face do mal no homem. Satanás usa o bem como uma arma para realizar seus propósitos. (JOYNER, Rick, 1949)

É esse bem no homem que continua enganando até mesmo os cristãos, que creem que todo tipo de bem vem de Deus. Enquanto isso, contemplamos uma massa cristã sem discernimento cambaleando atrás de falsas doutrinas por terem aparência divina, e falsos mestres por terem bondade aparente.

Calígula, ou Caio Júlio César Augusto Germânico, (12 d.C. – 41 d.C.) foi considerado o imperador romano mais insano, perverso e tirano de sua época. Mantinha relações sexuais com sua irmã e a obrigava a se prostituir. Apesar disso, o começo de sua administração foi pontuada por um período de grande prosperidade e uma gestão impecável. Para muitos a prosperidade é termômetro das bênçãos de Deus, infelizmente um engano muito comum.

Charles Milles Manson (1934), o conhecido assassino da atriz Sharon Tate, foi considerado a encarnação de Jesus Cristo por seu grupo de amigos. Condenado à prisão perpétua por seis assassinatos, ele foi descrito pela promotoria como: "o homem mais maligno e satânico que caminhou na face da Terra". No ano de 2009, com 75 anos, comandava da prisão o projeto ATWA, que se opõe a tudo que destrói o equilíbrio ecológico do planeta.

Hastings Kamuzu Banda (1898 – 1997), presidente vitalício da República de Malaui, apoiava os direitos das mulheres, fez melhorias na infraestrutura do país e manteve um sistema educativo melhor do que os dois outros países da África, e foi ele que levou o Malaui à independência, porém, presidiu um dos regimes mais repressivos da África. Hoje uns o consideram herói, enquanto outros o consideram tirano.

A história que mais nos assusta é a da condessa húngara Elizabeth Bathory (1560 – 1614), conhecida por uma série de crimes hediondos. Ela deleitava-se com a tortura e a morte de suas vítimas, banhando-se com o sangue delas e bebendo dele, pois acreditava que isso a manteria jovem. Ela também espetava alfinetes em pontos sensíveis do corpo de suas vítimas, e as obrigava a andar despidas pela neve até a morte. Apesar de toda a maldade, a família da condessa se professava protestante, e eram todos muito devotos. Elizabeth Bathory inspirou Bram Stoker a construir o personagem Drácula.

Poderíamos citar muitos outros homens que dançavam entre o mal e o bem tão extremos, aparentando ser verdadeiros loucos. Essa natureza mora em todos nós, a diferença é que alguns a desenvolvem mais do que outros.

Mas qual é a natureza dessa bondade? Será que são os padrões da bondade de Deus?

Se vós, pois, <u>sendo maus</u>, sabeis dar <u>boas coisas</u> aos vossos filhos, quanto mais vosso Pai, que está nos céus, <u>dará bens</u> aos que lhe pedirem? (Mt 7:11, ARC, grifos nossos)

Constantemente confundimos o bem humano com o bem divino. Entretanto, a bondade de Deus é diferente da nossa (Ec 2:26), porque a nossa bondade vem do fruto da árvore, por isso é terrena.

Deus não pensa em nos privar da dor, porque Ele sabe que é na dor que o homem amadurece, fica mais reflexivo e mais suscetível a ouvir Sua voz. Apesar de não ter criado o homem para sofrer, adoecer e morrer, depois do pecado sobraram essas alternativas. Então, para o nosso próprio bem, Deus pacientemente nos educa pelo seu Espírito (2Co 3:18), mesmo que pela dor (Dt 8:16). O caráter da bondade de Deus, diferentemente da nossa, não espera recompensa nenhuma; é doadora, e não permutadora. É por causa dessa incompatibilidade que muitos questionam a balança da justiça de Deus.

Ao contrário de Deus, nós entendemos a bondade como ausência de dor, por isso achamos que ser bondoso é evitar a dor do outro. Nossos atos de bondade são cheios de orgulho próprio, e se baseiam em troca. Até mesmo a forma mais abnegada de bondade (caridade) pode estar carregada de ostentação. E o amor humano mais sublime, como o amor de mãe, pode alternar entre o bem e o mal. Variando entre a permissividade e o autoritarismo, o liberalismo e o conservadorismo. O bem que pensamos em fazer pode causar um mal permanente na vida das pessoas que amamos.

Podemos perceber que o ser humano é capaz de atos de bondade, e isso nos confunde e distorce a realidade, mas a nossa bondade é carnal e egocêntrica. A caridade humana pode estar baseada na barganha, como alguém que ajuda o próximo para receber galardão ou salvação, para se sentir bem consigo mesmo, por exibicionismo ou para descontar no imposto de renda. Somos bons quando queremos nos sentir melhor, por instinto de preservação, por ostentação etc. Todos esses são motivos egocêntricos e se afastam muito do caráter da bondade de Deus. *"Todos nós nos tornamos impuros, todas as nossas boas ações são como trapos sujos [...]"* (Is 64:6, NTLH).

Foi assim que a Serpente enganou Eva, com o bem que a árvore poderia proporcionar. A bondade camuflada no mal continua sendo a maior estratégia de engano da Serpente.

A maioria das seitas denominadas cristãs se apresenta como uma coisa boa e por isso engana a muitos. Geralmente, os homens que as fundaram alegam ter tido uma experiência divina, boa, nova e capaz de salvar os homens. Essas seitas são fundamentadas em uma nova revelação acompanhada de visões estranhas. Suas doutrinas teológicas, porém, ganham outro foco, diferenciando-se muito do Evangelho de Cristo.

"Todos os caminhos levam a Deus". Eu perdi as contas de quantas vezes ouvi essa frase. E sempre me questionei por que a massa da população brasileira acredita nisso. Concluí que o bem pregado em todas as religiões confunde os olhos humanos. Talvez o cristianismo seja taxado de intolerante, porque crê na seguinte frase: *"Porque há um só Deus, e um só mediador entre Deus e os homens, Jesus Cristo"* (1Tm 2:5, ARC). Cremos que há somente dois caminhos, um que leva à perdição eterna, e outro à salvação (Mt 7:13).

As demais religiões que influenciam a nação brasileira reconhecem que Jesus veio ao mundo, mas não acreditam que Ele é o Filho de Deus, como: islamismo, gnosticismo e espiritismo. Acreditam em Deus, mas também em outros deuses. Acreditam que Jesus salva, mas que outros santos também salvam, anulando o sacrifício de Cristo na cruz. Isso confunde a maioria das pessoas que creem estar servindo a Deus, e não estar fazendo mal nenhum. Essa tem sido a forma como a Serpente tem enganado até hoje, o bem camuflado nas religiões em volta do mundo, roubando a adoração dos homens para ela.

Não há outra maneira de conhecer Deus, senão através de Seu Filho, Jesus. E quem conhece Deus consequentemente reconhece o Seu Filho (Mt 11:27; Lc 10:22; Jo 10:15; 1Jo 3:1). Não basta reconhecer Deus como Pai, mas também o Seu Filho, pois sem Cristo não há como conhecer o Pai nem adorá-Lo (Jo 17:3).

As demais religiões no mundo são usuárias da semente da árvore do conhecimento do bem e do mal, ou seja, fazem uso da bondade existente no homem. Pregam a necessidade de atos de bondade, mudança de comportamento, paz, amor, justiça, harmonia e autocontrole, buscando a preservação da vida. Nesses aspectos não há distinção do cristianismo, mas por trás de suas filosofias é o humanismo que atua.

Apesar do culto aos deuses, como no caso das religiões egípcia, grega e romana, o centro continua sendo o bem-estar e as necessidades do homem. As oferendas eram para conseguir os favores dos deuses ou aplacar a ira deles. A partir dessa reflexão, percebemos que o homem é o centro das atenções, e não as divindades. A proposta continua sendo a mesma: "sereis como Deus".

Não há nenhuma distinção dos cultos da maioria de nossas igrejas. Nossas oferendas continuam sendo em troca dos benefícios ou da tolerância do "deus" cultuado.

É incrível como na maioria das religiões, entre deuses e homens iluminados, símbolos como a árvore e a serpente aparecem com frequência. Para alguns, isso se trata de uma migração de crenças contadas pelas diversas gerações, e que ao longo do tempo sofrem distorções, como um "telefone sem fio". Desde o começo da antropologia, porém, no estudo de religiões nativas isoladas, ou seja, que não sofreram influência de outros povos, apresentavam um ponto de contato entre as demais religiões. A proposta da Serpente continua sendo oferecida ao homem através das diversas crenças, como se Satanás gradativamente estivesse levando o homem a níveis de adoração a ele. A estratégia continua a mesma, apresentando o bem mascarado por trás de sua proposta, e descentralizando a adoração ao Deus verdadeiro.

Praticamente todas as religiões reconhecem duas forças opostas, representadas às vezes por personagens, outras vezes por forças. Essas forças são o ponto de contato com a árvore do conhecimento do bem e do mal.

Todas as religiões são usuárias do "bem" presente nos homens. Essa bondade é usada como saída para os males existentes, através da harmonia dessas forças ou do bem sobrepondo o mal. Basicamente, o homem é um "pequeno deus", capaz de resolver os seus problemas.

No zoroastrismo as duas forças opostas eram representadas pelos deuses *Ahura Mazda* (criador da vida e da bondade) e *Angra Mainyu* (deus mau e destrutivo). O destino do homem dependia da escolha entre o bem e o mal. No caso do xintoísmo é o casal Izanagi e Izanami; e no wicca, as duas divindades: o deus Sol e a deusa Lua.

> No Xintoísmo "os homens, como a totalidade da natureza, são filhos do Kami [poderes sagrados presentes no cosmo]. Logo, todos são inerentemente bons e precisam apenas remover as impurezas de sua natural bondade para que ela possa brilhar". (BOWKER, J., 1997 – acréscimo nosso)

No confucionismo o objetivo é encontrar harmonia na vida (família e sociedade), através do equilíbrio das forças opostas *yin* e *yang*. *Yin* (escuridão, água, passividade, mal) e *yang* (luz, ar, atividade, bem) são as duas energias fundamentais em tudo o que existe.

Encontrar o equilíbrio entre essas forças é o pilar pelo qual diversas religiões fundamentam suas crenças, principalmente as religiões chinesas. No confucionismo o agente de uma moral ou pensamento social harmonioso é o homem, apesar da crença nos deuses. Por isso é uma religião mais fundamentada no humanismo do que no teísmo. O *I Ching* (livro das mutações) é o cânone de cinco livros do confucionismo, e a mutação acontece por *yin* e *yang*. A religião também ensina a reverenciar os mortos como maneira fundamental de boa ordem. Os túmulos apresentam a forma de uma lua crescente representando o *yin* e o *yang* sobre equilíbrio.

As religiões chinesas são aparentemente benéficas, pois incentivam os valores da moral humana como respeito entre relações governamentais, familiares e ancestrais, ou seja, a tradição. Seus fundamentos, porém, estão baseados no bem e no mal presentes no homem.

A regra moral básica de Confúcio[3] era: 'O que não queres que façam a ti, não faças aos outros'. Ele também enfatizou o aprendizado e o ritual correto como formas de educação moral. Acreditava que o Céu é a fonte do potencial humano para o bem e a conduta correta, mas ensinava que raramente o Céu se comunicava diretamente com as pessoas, que deveriam olhar o passado para aprofundar sua compreensão de como se comportar. (BOWKER, J., 1997)

Após ler essa frase de Confúcio, percebemos a semelhança da frase dita por Jesus em Mateus 7:12 *"Portanto, tudo o que vós quereis que os homens vos façam, fazei-lho também vós, porque esta é a lei e os profetas"*. A semelhança do ensinamento é incrível. No versículo seguinte Jesus diz: *"entrai pela porta estreita; porque larga é a porta, e espaçoso o caminho*

---
3 Confúcio ou Kung Fu-tzu, "Mestre Kung" (551-479 a.C.).

que conduz à perdição e muitos são os que entram por ela", e logo depois, *"Acautelai-vos, porém, dos falsos profetas, que vêm até vós vestidos como ovelhas, mas, interiormente, são lobos devoradores"*. É muito interessante que exatamente nesse momento Jesus falasse sobre cautela.

Ora, existe duas portas, uma larga e outra estreita: uma conduz à perdição e outra, à salvação. Semelhantemente, há falsos profetas mascarados, infiltrados e aparentemente inofensivos, mas por trás são extremamente perigosos. Apesar de falarem do mesmo assunto, o sentido da pregação de Kung é o humanismo, e o de Jesus é uma mudança produzida pelo Espírito. O assunto é o mesmo, porém um utiliza o fruto da árvore, enquanto outro faz uso do fruto do Espírito. Enquanto Deus diz: "frutifiquem", a Serpente diz: "coma". Toda a reciprocidade ensinada no confucionismo não se parece em nada com o caráter doador do amor ensinado por Cristo.

Se não tivermos o cuidado de buscar o discernimento que vem de Deus, somos facilmente enganados pela Serpente. É muito fácil ser iludido com o "bem" presente na proposta de Satanás. Tudo o que o "deus deste século" tem pregado desde o início são os fundamentos opostos aos de Cristo, e, se aceitarmos ao menos um requisito de sua filosofia, logo o estaremos adorando.

O taoísmo acredita que a libertação plena da alma acontece quando o homem atinge o *tao* (caminho), também regido pelas forças *yin* e *yang*. Para chegar a esse objetivo alguns se focam no controle dos espíritos e das correntes cósmicas de *yin* e *yang*, enquanto outros buscam o *tao* pela disciplina interior, meditação, exercício mental e corporal, controle da respiração etc. O *Tai Chi Chuan* é o exemplo da relação entre corpo, mente e meio ambiente, uma das diversas técnicas que colocam o homem em harmonia com o seu *Chi* (energia vital, o sangue) extraindo as forças da terra.

O conceito de harmonia com as forças da terra está presente nas religiões japonesas como o xintó, mas também em diversas religiões nativas indígenas. No xintoísmo o caminho do *Kami* (poderes sagrados presentes no cosmo) se baseia na harmonia de todo o cosmo, e principalmente nas forças da natureza. Nas religiões nativas, os deuses, deusas ou espíritos influenciam em tudo o que pertence à vida, como natureza, animais, homens, e os poderes do bem e do mal. Crer nos poderes da terra é a influência da escolha pela árvore, já que a proposta é nos tirar do alvo da adoração. Somos feitos da terra, e este é o lar onde fomos plantados, mas se harmonizar com a suposta força que a terra dá é estar voltado para o centro errado.

Nas religiões nórdicas ou escandinavas o deus Odin (pai supremo) era a representação do bem, e os gigantes de gelo Jotunheim representavam as forças da escuridão. Para eles, o universo era dividido em nove mundos ligados pela Árvore do Mundo, que também estava unida ao destino dos homens. Árvore do Mundo é o mesmo nome dado pelos povos nativos da Ásia, os xamãs, à árvore divina. Em seus rituais, os xamãs viajam em sonho pela árvore, escalando como quem sobe degraus. Os espíritos, criaturas e almas vivem nessa árvore, que também é conhecida por representar a vida. Em uma tribo mexicana o mito *huichol* apresentava uma cobra chamada Tatei-Atsinari, essa serpente que apaziguou o mundo durante o caos da Criação, espalhou-se como água, e depois mudou de forma, enrolando-se como uma serpente.

No caso do hinduísmo, as boas formas de agir é que levam o homem em direção ao bom renascimento (*moksha*). Para alguns hindus o *moksha* jamais é alcançado até que o homem se desligue de todos os sentimentos ruins que o prende ao mundo. No hinduísmo existem três divindades principais: Brahma, o deus criador; Vishnu, o deus preservador; e Shiva, o deus destruidor. Os três são um só. Será que Satanás quis se apresentar a esse povo como um deus trino, ou parte da trindade divina?

O deus Vishnu possui um olho negro representando a noite, e um claro simbolizando o dia. Ele carrega uma maçã dourada figurando o conhecimento e o poder da mente, autoridade e controle, e em seus pés está a serpente do mundo inferior e Sesha, a serpente de mil cabeças, representando o infinito.

Shiva, apesar de ser o deus destruidor, é também conhecido como o senhor do conhecimento, por isso é o único deus que possui o terceiro olho simbolizando uma consciência elevada. Shiva apresenta três faces, enquanto duas são opostas (macho e fêmea): Iogue, a face do chefe de família diligente; Bhairava, a face do destruidor; no meio, sua terceira face pacífica que reconcilia as outras duas. No culto a Shiva o objetivo é libertar as almas para atingir a "natureza de Shiva", alcançada por meio de penitências, ioga e renúncia.

Enquanto nas religiões mencionadas anteriormente os deuses são o alvo dos cultos, no jainismo o contexto é outro, toda alma é potencialmente um deus. Através da prática de purificação e disciplina, a alma poderá se libertar do carma e morar no topo do universo, juntando-se a outras almas em total liberdade espiritual. Apesar de crerem na existência de deuses, pois é uma sub-religião indiana, o jainista não se apoia em nenhuma ajuda divina, sendo, na verdade, autossuficiente em sua própria evolução.

Buda ou Siddhartha Gautama (563 a.C. – 483 a.C.) foi um asceta indiano, uma espécie de monge jainista, e passou por todo o processo de disciplina que o monge jainista ensina, mas para ele não foi o suficiente. Então, por desespero, sentou-se debaixo da árvore Bodh Gaya (árvore da iluminação), entrou em transe meditativo e atingiu a iluminação, ou seja, se libertou do ciclo de renascimento. A crença budista conta que três semanas antes de sua iluminação o rei-serpente Mucalinda protegeu Buda de uma tempestade enrolando-se sete vezes sobre seu corpo e abrindo um capuz sobre sua cabeça. Então, Buda foi coagido pelo deus Brahma a ensinar aos homens aquilo que nem mesmo os deuses sabiam.

O centro da adoração no budismo é escancaradamente o homem, pois o homem é merecedor de honras após atingir o nirvana. Na verdade, o homem no budismo não só se torna um deus, mas também ensina aos deuses.

Essa característica de que homens encarnam uma divindade ou elevam-se para esse estado está presente em muitas outras crenças antigas. Devemos nos lembrar de homens que eram considerados divinos, como Faraó, a encarnação do deus Rá, e também os imperadores chineses e japoneses.

O homem está no centro, sendo agente de todas as boas obras, mas se esquecem de que o mal continua na essência do homem. A grande diferença entre todas as outras religiões e a pregação do Evangelho é que todas as outras acreditam no bem do homem, somente Cristo prega a Graça. Somente o verdadeiro cristianismo não tem interesse na semente do conhecimento do bem e do mal, mas em transformar homens cheios de si em homens cheios do Espírito Santo. Deus não está interessado em quem você pensa ser, mas em quem você será através da Sua graça.

A igreja cristã por muitos séculos trocou a Graça por suas boas ações, sem entender que a nossa bondade não é capaz de nos salvar. Ao contrário, é por ela que somos enganados. Essa é a Torre de Babel dos nossos dias, em que os homens constroem algo que os faça subir aos céus, enquanto o plano de Deus foi descer do céu para salvar os homens. A religiosidade de muitos cristãos os faz produzir algo bom, uma santidade humana e superficial que os faça alcançar os céus, enquanto a santidade vem através da fé que nos educa a viver em novidade de vida.

Quando nos convencemos de nossa bondade nos tornamos resistentes em nos render a Cristo, e nos sentimos superiores aos outros. É por isso que muitos cristãos têm uma postura de superioridade, mas aquele que conhece Cristo conhece a si mesmo e sua natureza pecaminosa. Esse cristianismo nos impulsiona para o outro, pois traz a consciência de que somos todos iguais.

Porém a pessoa que não põe a sua esperança nas coisas que faz, mas simplesmente crê em Deus, é a fé dessa pessoa que faz com que ela seja aceita por Deus, o Deus que trata o culpado como se ele fosse inocente. (Rm 4:5, NTLH)

Se fôssemos julgados por Deus pela nossa bondade já estaríamos condenados, porque nossa bondade é imperfeita e cheia de engano. Contudo, se escolhemos o caminho da fé, mesmo culpados, somos tratados como inocentes.

É por causa da bondade própria que o homem se sente autossuficiente. Para que precisamos de Deus se resolvemos nossos problemas com o bem que fazemos? Para que aprender com Deus se temos o nosso próprio método científico? Para que depender de Deus se temos nossos próprios recursos? Temos perguntas, mas a ciência responde. Temos doenças, mas a medicina cura. Temos crises econômicas, ambientais, políticas ou filosóficas, mas acharemos uma solução, pois temos o bem. E, dessa maneira, tornamo-nos cada vez mais autossuficientes.

O mal

Enganados pelo suposto bem que possuímos, tornamo-nos prontos para o mal que omitimos. Somos peritos em esconder e camuflar o mal que mora em nós, mas não somos tão bons em nos livrar dele.

E não adianta fugir, porque você está suscetível às mesmas paixões que corrompem o mais perverso homem que você pode imaginar.

"Mostre-me um homem que não seja escravo das suas paixões." (William Shakespeare)

Até mesmo um dos maiores poetas, William Shakespeare, sentiu dificuldade em achar um homem que não estivesse encarcerado em seus desejos. E realmente não é fácil encontrar. Creio que somente um viveu nesta terra, Jesus. No entanto, apesar de sabermos disso, temos a petulância de pensar que não somos tão suscetíveis aos desejos que nos escravizam. No fundo, pensamos estar imunes ao veneno da Serpente.

Faremos um teste com você, e então você mesmo poderá medir o seu nível de consciência. Pense em um homem mau e perverso, o pior que você conheceu ou pôde imaginar. Agora responda para si mesmo: você seria capaz de fazer o que essa pessoa fez ou faz? Você pode até negar, entretanto, com um pouco da dose certa e um pouco de incentivo, podemos nos tornar o pior dos piores. Qualquer um pode.

Certa vez alguém me disse: "Somos tão maus quanto Satanás". É uma frase forte, e muitos cristãos logo diriam: "Tá amarrado! Eu não!". Mas é isso mesmo, temos potencial para ser tão maus quanto o pior dos homens. É lógico que a nossa condição em Cristo é diferente, somos repreendidos pelo Senhor (1Co 11:32), o Espírito Santo nos educa a vivermos de maneira diferente (1Co 2:13); mas não podemos negar que sem essa disciplina dada por Deus, sem a remissão dada pelo sangue de Jesus somos capazes das mesmas ações de Satanás.

"Todos pecaram" (Rm 3:23, ARC). Essa afirmação bíblica tão conhecida muitas vezes é ignorada, mas não há ninguém que seja inocente diante de Deus. Se não sou capaz de algumas atrocidades, sou capaz de outras que talvez desconheça. Logo, sou tão transgressor quanto os demais que acuso. É exatamente por isso que o Lago de Fogo está separado para o

diabo, seus anjos e todos aqueles que praticam suas obras. O castigo será o mesmo, porque são autores das mesmas práticas (Ap 21:8).

Você deve estar pensando: "Eu sou melhor do que Satanás, sim!". É lógico que sim. Por um fator muito importante, fomos comprados por um alto preço, o sangue de Jesus. Além desse valor salvífico, o que nos diferencia de Satanás é o tempo e a escolha. Ele já fez sua escolha e não voltará atrás, e todo o tempo de prática o tornou mestre naquilo que sabe fazer. Entretanto, se o homem fosse eterno e não se arrependesse do mal, se tornaria a personificação de Satanás, porém feito de carne e osso.

Na história da humanidade temos vários exemplos que nos ajudam a perceber o que o homem é capaz de fazer mesmo vivendo tão pouco.

Agora, imagine você que o homem vivesse eternamente, e que não tivesse doenças ou qualquer outra coisa que o lembrasse de que fora criado do pó. A idade, a doença e a morte são velhos companheiros, que nos ajudam a questionar nossos objetivos e valores. Se não tivéssemos esse freio, com certeza não restaria mais nada a salvar.

Então disse o SENHOR Deus: Eis que o homem é como um de nós, sabendo o bem e o mal; ora, para que não estenda a sua mão, e tome também da árvore da vida, e coma e viva eternamente. (Gn 3:22, ARC)

O ser humano foi proibido de comer da árvore da vida para que não fosse eterno. Creio que isso afastaria ainda mais a raça humana da salvação. Mesmo com as doenças nos rondando tão de perto, e mesmo com o medo do desconhecido e solitário momento da morte, ainda somos capazes, como humanidade, de nos ensoberbecer, matar, roubar, enganar, mentir, e depois de tudo isso nos justificar a ponto de nos enganar.

Quem de nós se atreveria a dizer que nunca errou? Quem, diante de Deus, ousaria subir na balança da bondade orgulhando-se de seus feitos? Somos bons em apontar o outro, assim como fizeram Adão e Eva (Gn 3:12,13). Mesmo sabendo que somos maus, queremos, ao menos, não ser o pior.

Qual a diferença entre um homem brasileiro comum e um muçulmano? O que faz um ser humano virar homem bomba? Será que se você tivesse nascido e vivido sob essas crenças não se tornaria um deles? O fato é que somos feitos do mesmo DNA, porém sob certas condições podemos nos tornar piores.[4] Não podemos nos enganar, porque no lugar de Adão e Eva erraríamos como eles.

Tão mau quanto um estuprador?! Quanto um homicida?! Sim! Porque estupramos a alma de quem amamos. Matamos com a nossa língua. Cometemos "pequenos delitos" camuflados em nossos perversos pensamentos, e depois afirmamos que não somos tão maus. Entretanto, somos capazes de enganar como Satanás enganou, mentir como ele, roubar como ele, ser soberbo como ele, e muitos vão tão a fundo que preferem o inferno a amar e a obedecer a Deus. O que queremos dizer é que existem homens que, por algum motivo, se

---

4 Não defendo o humanismo ou empirismo neste aspecto, falo de meus próprios questionamentos.

tornam potencialmente obstinados pelo mal como Satanás, e ninguém está isento disso.

Graças a Deus, pelo Seu grande amor, Ele nos abriu um caminho que dá uma segunda chance ao homem que quiser voltar atrás. A fé verdadeira em Jesus que leva ao constante arrependimento é à única salvação para o veneno no obstinado coração humano. Só Jesus tem o antídoto.

Como bons cristãos, sabemos o tamanho do sacrifício de Jesus, e da importância do arrependimento. Contudo, muitos vivem dentro dos templos sem consciência de seus pecados. Ora, como chamar ao arrependimento uma multidão que pensa ser incapaz de errar? Como convencer quem já está convencido de que a prática de seus pecados é normal? A falta dessa consciência provoca efeitos ainda piores em nós, como falta de perdão, de religiosidade, egoísmo, falta de misericórdia e tantas outras coisas.

Caindo em si

"CONHECERAM QUE ESTAVAM NUS?!" Essa frase me saltou aos olhos enquanto lia pela milésima vez o terceiro capítulo de Gênesis. Qualquer um de nós perceberia sua nudez desde o começo, mas não foi assim com eles.

Após comer daquele fruto, não houve prazer, êxtase, vislumbre algum? Eu esperaria um efeito alucinógeno, deslumbrante após ingerir uma fruta que me proporcionasse conhecimento. A impressão que temos é de que o fruto proporcionaria uma sensação de prazer e clareza do mundo. Permita se colocar no lugar de Eva, ouvindo todas aquelas propostas. Quais expectativas formularia em sua mente? Quais possibilidades imaginaria ser capaz de sentir e fazer? Em vez do prazer esperado, sentiram necessidade de se esconder, sentiram medo, desarrimo, penúria. Onde estava todo o prazer e novidade pelos quais ansiaram tanto? Antes não havia necessidade de nada, somente de viver intensamente. Antes eram tão satisfeitos que não podiam perceber que estavam nus. Quem não gostaria de viver em uma ilha paradisíaca, sem necessidade de nada, em meio a diversos animais mansos, e ainda sendo imortal? O melhor de tudo isso é que o próprio Deus garantiria a eles essa vida boa eternamente. Conheço pessoas que dariam qualquer coisa por uma vida assim. Esse, talvez, seja o reflexo daquilo que naturalmente o homem quer. No entanto, depois de comerem daquela árvore, aqueles seres que não sentiam falta de nada perceberam-se nus.

Então, como uma avalanche, sua vida mudou radicalmente. Ter de conviver com todos esses sentimentos novos e estranhos não deve ter sido o que chamamos de um dia bom. Tiveram que aprender um ofício novo, o de coser. Sem muito jeito, lançaram a primeira moda de aventais em folha de figueira. E, então, ouviram o som que temiam. Correram como uma criança arteira foge do pai.

E ouviram a voz do SENHOR Deus, que passeava no jardim pela viração do dia; e esconderam-se Adão e sua mulher da presença do SENHOR Deus, entre as árvores do jardim. E chamou o SENHOR Deus a Adão, e disse-lhe:

Onde estás? E ele disse: Ouvi a tua voz soar no jardim, e temi, porque estava nu, e escondi-me. (Gn 3:8-10, ARC, grifos nossos)

Por que eles se esconderam? Porque estavam nus! Mas será que era simplesmente a vergonha de ter suas partes íntimas expostas? É claro que não! Eles tinham medo da intimidade, das consequências, da culpa.

Estar nu não significa somente estar sem roupa, mas estar desprotegido ou desprovido de apoio. Estar nu, em nossa sociedade, pode ser a melhor forma de descrever alguém pobre ou alguém que não tenha o básico para viver. Logo, estar nu para Adão e Eva não se tratava simplesmente da falta de roupa. Eles sentiam o gosto da necessidade, da insatisfação sem fim que possuímos. Ao invés da sensação de poder, conhecimento e saciedade pela qual acredito, ansiavam sentir, o novo modo de vida individualista os fez pensar em suas próprias necessidades. Agora se sentiam nus, desprotegidos e, acima de tudo, envergonhados, e, por conseguinte preocupados. Viram a nudez insaciável de suas almas, e teriam que aprender a conviver com a sede.

Um dos nossos maiores problemas é quando percebemos o tamanho das nossas necessidades, as quais nunca serão satisfeitas, pois sempre haverá um buraco insaciável na nossa alma. Percebemo-nos nus quando não temos uma casa, um carro, um emprego melhor, roupas melhores, móveis melhores, eletrodomésticos novos, o vestido desejado, o sapato, o terno, o relógio, a bolsa, e a lista é interminável. Sentimo-nos nus quando não conseguimos nos livrar de um problema antigo, um cônjuge difícil, um filho rebelde etc. Nossa necessidade não tem fim, e dessa forma nunca conseguimos apreciar as coisas boas que temos, porque nossa alegria é constantemente roubada por conta daquilo que ainda não temos. E nos enganamos porque achamos que a conquista do objeto de desejo trará felicidade, mas não é bem assim. Somos insaciáveis e temos sempre a impressão de que "éramos felizes e não sabíamos". Não se engane, no dia que você tiver a casa de seus sonhos, você continuará se sentindo nu. E aí você precisará de um carro melhor, e depois de tê-lo, então precisará que outro desejo seja realizado. Somente em Cristo temos uma perspectiva diferente do mundo, onde a graça Dele nos basta.

São as nossas necessidades que muitas vezes nos tiram da presença de Deus; *"e esconderam-se Adão e sua mulher da presença do SENHOR Deus"*. É porque estamos correndo atrás de saciar a sede de nossas necessidades que paramos de buscar o Senhor; esquecemo-nos de que a presença de Deus suprirá a alma sedenta. Então gastamos todo o tempo cosendo roupas, e, quando ouvimos o Seu chamado, o instinto nos leva a fugir.

Eu nunca consegui entender o que acontecia dentro de mim, e na convivência com meus irmãos em Cristo eu sentia que enfrentávamos as mesmas dificuldades. Apesar da vontade de buscar o Senhor, a minha carne queria fugir. Falava para mim mesma: "Invente uma desculpa e não vá para a oração". Entretanto, chegando ao momento de oração, a vontade era de não sair, e todas as vezes a cena no meu interior se repetia. Esse é mais um dos antagonismos que enfrentamos em nossa natureza. Fomos criados para estar na presença de Deus, porém a nossa natureza contaminada nos manda fugir e nos esconder.

Se eles fugiam da presença de seu Pai é porque, com certeza, eles não conheciam o Pai, não da maneira como conhecemos hoje, em Cristo. Se conhecessem o Pai, não fugiriam da Sua presença e se arrependeriam. No entanto, haveria muito caminho a trilhar para que a humanidade conhecesse o caminho do arrependimento.

Eles não eram adoradores, porque não podemos adorar quem não conhecemos. Como reconhecer a Glória sem conhecer a Glória? Como admirar o caráter de alguém sem antes conhecer esse alguém? Não! Eles não sabiam quem era o Pai, não intimamente. No entanto, estavam conhecendo a Serpente, e caíram em si. Agora estavam sozinhos e escravos de uma nova natureza terrena e maligna.

Mediante a insegurança, começaram a pôr suas pequenas *garrinhas* de fora, culpando uns aos outros e também a Deus; *"a mulher que tu me deste"* (vs. 12).

Você não é melhor porque enxerga os erros do próximo. Se Deus tem lhe mostrado a podridão, é porque Ele quer começar a purificação por você.

"Eu não Sou partidarista!", foi o que ouvi de Deus, certa vez.

Eu estava tão certa dos erros dos outros e me convenci de que eles estavam errados, e não eu.

Deus não ia tomar meu partido, porque eu também estava errada. Esperava que Deus passasse a mão em minha cabeça e assoprasse o meu *dodói*, mas Ele me confrontou. Ele me revelou que apesar de não ter feito visivelmente algo errado, em meu coração, escondidos bem no fundo, moravam sentimentos malignos de vingança, e que eu deveria arrancá-los de lá.

Deus não tem ninguém por inocente (Nm 14:18). Todos são indesculpáveis diante de Deus, porém, aquele que se humilha, Ele não trata como culpado, mas como se fosse inocente. No entanto, estamos sempre achando que somos capazes de solucionar as crises do mundo. Mesmo não sabendo nada, achamos que sabemos tudo, ou podemos correr atrás e mudar tudo. Valentes covardes que somos. Ora corremos e nos escondemos, ora atacamos como um predador forte. Entretanto, é tudo fachada, porque no íntimo somos frágeis e desprotegidos, como filhotes assustados que perderam a mãe.

Depois que todos tiveram a oportunidade de defesa, Deus faz o Seu julgamento. O Pai, agora, passa a ser juiz da humanidade. E apesar de muitos acharem que Deus os castigou, eu acredito que Ele trouxe equilíbrio à balança, ou seja, foi um justo juiz.

> *Então o SENHOR Deus disse à serpente: Porquanto fizeste isto, maldita serás mais que toda a fera, e mais que todos os animais do campo; sobre o teu ventre andarás, e pó comerás todos os dias da tua vida. E porei inimizade entre ti e a mulher, e entre a tua semente e a sua semente; esta te ferirá a cabeça, e tu lhe ferirás o calcanhar.* (Gn 3:14-15, ARC)

Para a soberba Serpente, era somente o começo de sua humilhação. Deus colocou-a como a pior das espécies, e, apesar de tudo, promete desforra a Eva, *"esta te ferirá a cabeça*". Nada mais justo prometer a Eva que haveria um "segundo *round*". Deus esclarece que haveria ainda uma luta entre a Serpente e a humanidade. Porém, com uma vantagem em relação à semente da mulher, Cristo, pisaria na cabeça da Serpente.

> *E à mulher disse: Multiplicarei grandemente a tua dor, e a tua concepção; com dor darás à luz filhos; e o teu desejo será para o teu marido, e ele te dominará.* (Gn 3:16, ARC)

Toda a humanidade estava condenada ao pecado e à morte por culpa de Eva, por isso o início da vida seria marcado pela dor que a vida representaria. O que deveria ser prazeroso se tornaria penoso, a vida tão bela seria marcada pela dificuldade e pela dor. Ela deveria sentir que a vida de seus filhos seria tão agonizante quanto a dor que sentiria. E como induziu seu marido ao erro, agora seu marido deveria comandá-la.

> *E a Adão disse: Porquanto deste ouvido à voz de tua mulher, e comeste da árvore de que te ordenei, dizendo: Não comerás dela, maldita é a terra por causa de ti; com dor comerás dela todos os dias da tua vida. Espinhos, e cardos também, te produzirá; e comerás a erva do campo. No suor do teu rosto comerás o teu pão, até que te tornes à terra; porque dela foste tomado; porquanto és pó e em pó te tornarás.* (Gn 3:17-19b, ARC)

Toda a terra estava sendo amaldiçoada por causa de Adão, e por isso a terra ia lhe devolver o favor, trazendo dor, espinhos e cardos. A necessidade do trabalho para a sobrevivência seria acompanhada pela dificuldade, ou seja, eles seriam dependentes do salário. Trabalhar nunca foi um castigo; antes do pecado, eles já tinham uma ocupação. O difícil era ter que trabalhar para sobreviver, ou seja, o salário se tornou obrigação para garantia de sobrevivência. Trabalhar para comer, e ficar forte para então trabalhar mais.

Nos dias de hoje, trabalhamos para suprir nossos desejos. Muitos trabalham para sobreviver, porém, se encontrassem um meio de ter melhor salário, suas "necessidades" mudariam por conta de seus desejos. Isso ocorre principalmente no sistema capitalista, em que o mercado é movido pelos desejos dos homens. A tecnologia evolui, reinventando os padrões de desejo para que você nunca pare de comprar.

Trabalhar para ganhar mais, para ter mais poder de compra, e quando mudam os desejos, mudam também as "necessidades". Esse ciclo não tem fim. Se seu desejo é ganhar 10 mil reais por mês para não se preocupar com as dívidas, acredite, com esse valor você terá mais dívidas para se preocupar. Enquanto isso, anos preciosos de sua vida serão roubados, e você continuará sentindo-se nu.

Todas as coisas que apontamos neste livro, a natureza do homem e a proposta de Satanás, não têm intenção de desanimá-lo ou gerar revolta. Também não somos contra o trabalho, o sistema capitalista ou o salário merecido do trabalhador. Nossa intenção é que você perceba que o contexto em que vivemos pode enganar como uma miragem, fazendo-nos pensar que isso trará satisfação. Tudo o que relatamos até agora não é uma forma pessimista de ver o ser humano, mas uma maneira crítica de olharmos para nós mesmos. A única coisa que nos traz felicidade real é voltar os olhos para Cristo, o centro da nossa adoração.

Sim! Sua adoração, para ser verdadeira, depende de qual proposta você vive. Mesmo que você queira muito ser um adorador, e mesmo que esteja se esforçando para adorar a Deus, pode estar adorando a Serpente. Por isso você precisa ver o risco, perceber a luta e buscar ajuda do Alto.

CAPÍTULO 4
ADORAÇÃO EM AÇÃO

A PALAVRA "ADORAR" nos dicionários mais conhecidos significa venerar, reverenciar, cultuar, amar excessivamente.

A palavra "adoração" em vários textos bíblicos é usada para descrever a ação de se prostrar perante o Senhor ou perante ídolos (Êx 4:31; Jz 2:12; 2Cr 7:3; 29:29-30; Ne 8:6; Dn 3:6; Mt 2:11; 4:9; Mc 15:19; Ap 7:11; 11:16).

O tema é abordado de Gênesis a Apocalipse. Tudo na Bíblia gira em torno da adoração. Adoração foi o tema principal da queda do homem e o meio pelo qual fomos resgatados. O fim será marcado pela adoração ao anticristo ou a Cristo. É um tema complexo e muito amplo. Não há dúvida de que devemos dar uma atenção especial para esse assunto.

Há um grupo preponderante de cristãos convictos de que adoração é ajoelhar-se diante de algo; logo, acreditam que os adoradores de Satanás são aqueles que acendem velas, tomam sangue e invocam o "bicho ruim". Consequentemente, para esse grupo, espíritas, satanistas, católicos ou quaisquer que se prostrem diante de imagens são considerados os que exclusivamente adoram a Satanás. Prevalece a crença de que adoração é um estado de espírito, um momento em que, ao sentir algo, abre-se a boca para dar glórias a Deus. O ato de adorar não é movido por um estado de espírito ou uma grande emoção. Adoração é a ação daqueles que amam a Deus. Por causa desse engano, predomina a crença de que qualquer um pode ser um adorador. Entretanto, os adoradores fazem parte de um grupo seleto não porque Deus escolhe a dedo, mas porque poucos se encaixam nos requisitos básicos.

Fatalmente, nossas igrejas estão lotadas de falsos adoradores, pessoas que aparentemente estão consagradas em adoração a Deus, porém suas ações estão consagradas a outros deuses. É comum encontrar cristãos que com a boca confessam a Deus como Senhor, mas suas ações mostram outro senhor no comando. Estão ajoelhados perante Deus, mas seus corpos servem a outros deuses. Invocam a presença do Espírito Santo, mas seus desejos estão longe do Senhor. E a lista é longa.

Na Bíblia temos vários exemplos de homens que adoraram a Deus de tal maneira que vale a pena parar e refletir em suas ações. Eles nos ajudam a entender como um adorador age. Preste atenção! Coloque-se no lugar desses homens e analise: quem é o centro da sua adoração?

Heróis da adoração

EM TODA A ESCRITURA há personagens brilhantes. Homens e mulheres que foram além de sua época. Alcançaram lugares de destaque nas Escrituras e no coração de Deus. São conhecidos como o homem segundo o coração de Deus, amigo de

Deus, pai da fé, mãe do maior profeta, alguns heróis da fé etc. Creio que você já pôde identificar alguns deles. Não é necessário citar seus nomes, já que a descrição desses personagens é bem conhecida pela maioria dos cristãos, porém, se eu te pedisse para apontar quais atitudes de adoração cada um deles teve, você saberia responder? Muitos não são capazes porque estão viciados em ver a adoração equivocadamente.

Aqui os chamaremos de "heróis da adoração", pois eles adoraram em uma época na qual a adoração ainda não era acessível, se é que pode-se dizer assim. Foram verdadeiros heróis e nos servem de exemplo e incentivo para prosseguirmos para o alvo.

Adorar é, basicamente, cumprir com aquilo que Deus desejou para os homens desde a fundação do mundo. Ora, viver o que Deus quer exige mais do que esforço, exige a presença de Deus no homem todo o tempo. Hoje temos o Espírito Santo vivendo em nós, educando-nos, transformando-nos, mas antes de Cristo era uma raridade. O Espírito Santo descia por alguns instantes sobre alguns e os capacitava para uma função. Então, a intervenção divina sobre aqueles homens os levava além de suas capacidades e limitações naturais.

É óbvio que nenhum deles adorou por sua capacidade humana, mas pelo operar de Deus. No entanto, havia um zelo e uma decisão de honrar a Deus em seus corações. Uma disposição a obedecer, transpor barreiras, sobrepujar limitações. Não sei qual a origem do fator de predisposição, se totalmente de Deus ou uma pequena faísca de temor, que levou a serem escolhidos por Ele, mas sabemos que sozinho ninguém é capaz de adorar.

Saul não é o que chamaríamos de um bom exemplo, talvez até controverso, pois o Espírito havia estado nele confirmando seu reinado. Saul profetizou, e as Escrituras confirmam que ele se tornou um homem diferente; o Espírito Santo se apoderou dele e todos viram sua mudança (1Sm 10:9, 11). Contudo, deveria obedecer a uma ordem de Samuel, esperar sete dias e receber as instruções do profeta. Ele não obedeceu e ofereceu sacrifício por conta própria, o que não era permitido pela lei (1Sm 13:13). Saul não respeitava os mandamentos, não tinha zelo em seu coração e não era um adorador.

Saul foi rejeitado exatamente porque seu coração não era dedicado ao Senhor. Quando foi pelejar contra Amaleque, recebeu a ordem de não poupar ou trazer despojo algum, mas ele desobedeceu. Seu coração se engrandeceu e ele decidiu poupar o rei e trazer alguns despojos. Voltou e levantou um monumento para si (1Sm 15:12). Neste ponto, vemos que a adoração de Saul era para si mesmo.

Diante do profeta Samuel ele tentou diversas artimanhas. 1ª) Disfarçar a verdade: "Executei a Palavra do Senhor" (15:13), sendo que ele tinha cumprido a ordem do Senhor pela metade; 2ª) Justificar seu erro: culpou seus soldados pelo erro (15:14); 3ª) Barganhar com Deus: quando disse: "pouparam o melhor das ovelhas para oferecer ao Senhor teu Deus, mas o restante destruímos" (15:15); 4ª) Reforçar a mentira: mesmo sendo repreendido por Samuel, tentou reforçar sua versão (15:20-21); 5ª) Negociar: o profeta denuncia o seu pecado, um pecado grave, semelhante ao de feitiçaria, então Saul faz sua última tentativa: a negociação.

> *Agora, pois, rogo-te perdoa o meu pecado; e volta comigo, para que adore ao SENHOR.* (1Sm 15:25, AC)

Olhando superficialmente para o texto anterior, Saul parecia arrependido, resignado, e pediu que seu pecado fosse perdoado em um sacrifício de adoração. No entanto, quando o profeta rejeita sua proposta, ele mostra sua real intenção. Ele precisava que Samuel o apresentasse diante do povo, para que não fosse rejeitado pelo povo. Seu medo era perder o trono, mas Deus já o havia rejeitado.

> *Pequei. Mas, honra-me diante dos anciãos do meu povo, diante de Israel, e volta comigo, para que eu adore ao SENHOR <u>teu Deus</u>.* (1Sm 15:30, AC, grifos nossos)

Note: "*[...] para que eu adore ao Senhor <u>teu</u> Deus*". A adoração de Saul não era em honra e ato de gratidão a Deus. Adoração era um ritual sem valor para Saul, pois em seu coração aquele não era o seu Deus. Aquelas eram as obrigações do Deus de Samuel, um meio para conseguir aprovação do povo.

Saul foi rejeitado do coração de Deus, porque em suas veias corria livremente o veneno da Serpente. Saul agia de forma independente. Fez uma estátua em sua honra, não dando a glória de sua vitória a Deus. Então, Deus levantou um homem que fez exatamente o contrário dele para assumir o reinado de Israel em seu lugar.

Como não falar deste personagem? O homem segundo o coração de Deus. Davi estava longe da perfeição, na verdade é mais fácil se escandalizar do que se fascinar com ele.

Entretanto, suas ações foram notáveis, apesar de seu adultério seguido de assassinato premeditado. Apesar de ser um homem de guerras, cobiçoso etc., ele foi chamado de homem segundo o coração de Deus. Por que Deus o escolheria? Davi sofreu uma série de rejeições. Era desprezado por seu pai, que não o chamou para apresentar-lhe ao profeta Samuel (1Sm 16:11). Era desprezado por seus irmãos que consideravam Davi um presunçoso e de coração maldoso (1Sm 17:28). Foi rejeitado por Saul, que por inveja passou a persegui-lo para matá-lo. Entretanto, para Deus, Davi era um homem que Ele aprovou para reinar o Seu povo, porque seu coração era dedicado ao Senhor.

Quem não conhece a história de Davi e Golias? Quem não ouviu como Davi foi corajoso em enfrentar um guerreiro gigante sem nenhum armamento e preparo? No entanto, poucos percebem que foi um ato heroico movido por um coração adorador.

Em 1 Samuel 17, temos a narrativa dos fatos. O autor descreve exaustivamente as características do grande guerreiro Golias: sua altura, armadura, o material de fabricação de suas armas etc. Nota-se que não se tratava de qualquer um, tampouco de uma situação corriqueira.

Golias era bastante confiante. Levando em consideração seu desafio, supõe-se que tinha certeza de que ninguém poderia desafiá-lo. Enfim, não era somente uma guerra, mas uma situação de constrangimento para Israel. O texto conta que, mediante o desafio de Golias, o exército temeu. O grande exército israelita, que viera de uma batalha vitoriosa contra Amaleque, tremia de medo perante um homem. E a situação perdurou por quarenta dias. Toda manhã e tarde eles eram zombados e chacoteados por seus inimigos.

Davi não era soldado, era somente um menino que buscava notícias de seus irmãos, mas, diante da situação, quando ouviu o insulto, se indignou.

Quem é, pois, este incircunciso filisteu, <u>para afrontar os exércitos do Deus vivo</u>? (1Sm 17:26b, ARC, grifos nossos)

Davi se ofendeu pelos seus e por Deus. Ao enfrentar Golias, não era por sua honra, ou pela honra de seus irmãos que lutava, Ele levantou-se para defender o nome do Deus vivo, o seu Deus.

Davi não usou as armas de um soldado, nem mesmo as armas do rei lhe cabiam. Ele foi em nome do Senhor, ou seja, capacitado por Deus. Esse pequeno e intrépido menino mostrou sua adoração a Deus em sua atitude de coragem e lealdade. É exatamente isso que Deus espera do homem, atitude, coragem, mas, acima de tudo, amor ao seu Deus.

Da mesma maneira que Golias ameaçou e humilhou, ele foi ameaçado e humilhado quando ouviu sua sentença da boca de um menino. Que grande humilhação e decepção sofreram os filisteus, mas que tamanha humilhação foi para o exército de Israel que se acovardou. Que grande lição foi para os irmãos de Davi e para todos os homens em ver num pequeno menino o poder de Deus.

Milagrosamente uma pedra inofensiva matou um experiente guerreiro. A força ofensiva de Davi eram os seus sentimentos de zelo pelo seu Deus. Adoração foi sua arma.

Ao contrário de Saul, Davi tinha zelo pelos mandamentos do Senhor. Davi não quis tocar em Saul por respeitar e zelar pela vontade de Deus. Não tinha recebido ordens de Deus para tirar Saul do trono; sabia que no momento certo Deus interviria. Ora, a morte de Saul lhe traria muitos benefícios, e até mesmo o próprio Deus o havia favorecido e seria um alívio para muita gente se Saul fosse arrancado do trono. Entretanto, Davi temia passar à frente de Deus, ele queria honrar seu Deus.

Adoração também é relacionamento. Saul não tinha um histórico de relacionamento com Deus, mas Davi sim. Davi já havia passado por situações de perigo das quais Deus o havia salvado, e baseado nessas experiências lutou contra Golias (1Sm 17:37).

Foi assim com Abraão. A amizade de Abraão com Deus alcançou a você e a mim, e ainda alcançará a muitos. Que laço lindo os uniu. Mesmo estando Abraão morto, Deus zela por essa amizade até os dias de hoje. Enquanto o mundo durar, Abraão será lembrado como amigo de Deus. Uma amizade construída sobre os alicerces da fé e selada com adoração.

Abraão passou por um longo processo até estar pronto a entregar Isaque – a esperança da promessa, mas no momento certo sua atitude foi poderosa. Que ato de adoração fabuloso. Sua atitude de entrega foi tão grande que é uma simbologia messiânica. Pense bem! Abraão, dois séculos antes de Cristo, fez exatamente o que Deus planejava fazer antes da fundação do mundo: um sacrifício. Naquele momento ele e Deus entraram em sintonia, seus pensamentos se igualaram. Um sacrifício semelhante de adoração para salvar o mundo. Isso é maravilhoso!

Mesmo estando na mesma condição de Adão, Abraão teve uma atitude diferente, confiando em Deus e na Sua Palavra. Abraão entregou a esperança de que um dia teria uma geração para herdar a promessa. Sem saber o tamanho de sua adoração, ele foi além de sua época e alcançou um lugar entre nossos heróis da adoração.

300 de Gideão

Em meio a tanta "idolatria cristã", onde o deus do dinheiro, fama e reconhecimento tem sido levantado; com olhar atento Deus procura aqueles que fazem parte de uma geração que Seu coração aprova. Geração que carrega o Evangelho simples e íntegro no peito. Uma geração que adora com a sua vida, sem temer estar na contramão dos modismos que se levantam, deturpando a mensagem da cruz.

A Bíblia conta de uma época, muito semelhante à nossa, em que o povo de Israel havia se afastado da presença de Deus, adorando a outros deuses.

A consequência da adoração a ídolos foi a escravidão. Toda a adoração que não é direcionada ao Senhor gera cárcere, sofrimento e dor. Por causa da desobediência do povo de Israel, o Senhor permitiu que a nação fosse dominada pelos midianitas durante sete anos.

Os israelitas sentiam-se fracos e amedrontados diante de seu inimigo. Tudo o que plantavam e todos os seus animais eram saqueados. Então aquele povo pediu socorro ao Senhor, e Deus levantou um líder incomum para libertar o povo de seus inimigos: Gideão.

Um anjo do Senhor, que acreditamos ser o próprio Jesus, aparece a Gideão e o chama quando estava malhando trigo no lagar.

O trigo deve ser malhado na eira, um lugar aberto para que o vento separe a palha do trigo. Gideão, porém, estava malhando no lagar – um lugar onde se pisa uvas para produção do vinho e no qual não há corrente de vento – para que os midianitas não o vissem.

Então, o Anjo do SENHOR lhe apareceu e lhe disse: O SENHOR é contigo, homem valente. (Jz 6:12, ARC)

Que palavra maravilhosa Gideão recebera do Senhor, porém em vez de avançar, seu coração se encheu de dúvida. Sua insegurança era fruto daquilo que seus olhos viam.

Respondeu-lhe Gideão: Ai, senhor meu! Se o SENHOR é conosco, por que nos sobreveio tudo isto? [...] (vs. 13)

E ele lhe disse: Ai, SENHOR meu! Com que livrarei Israel? Eis que a minha família é a mais pobre em Manassés, e eu, o menor na casa de meu pai. (vs. 15)

Ele respondeu: Se, agora, achei mercê diante dos teus olhos, dá-me um sinal de que és tu, SENHOR, que me falas. (vs. 17)

Gideão questionou: 1º) Como pode o Senhor estar ao nosso lado? 2º) Como podes me chamar, se sou o menor? 3º) Prova-me que és mesmo o Senhor e que me chamaste.

Gideão precisava avançar, mas se sentia incapaz. O Senhor Deus chamou o menor dos menores, da menor tribo. E, ainda com um agravante, Deus chamou um homem medroso. Não poderia ser alguém pior? Veja só. Se você se sente assim como Gideão, há uma grande possibilidade que Deus lhe faça um adorador.

Observe todos os exemplos de adoradores citados. Eles eram pequenos, rejeitados, pois adoradores, geralmente, são aqueles que não possuem valor, aparência, capacitação humana. Entretanto, os adoradores devem passar por um treinamento. Eles serão testados na fornalha de suas maiores dificuldades e purificados para que a verdadeira adoração flua. Como conta a história, Gideão deveria derrubar os altares de Baal da sua casa e levantar um altar de adoração a Deus (Jz 6:25-27).

O Senhor não se importa se você é o menor dos menores. Ele não procura os grandes, nem chama os que são reis e príncipes. Então, mesmo que nos sintamos como nada, o Senhor vê até aquilo que não vemos. No entanto, antes Ele pedirá fidelidade a você. Se houver reinos, ídolos, deuses no trono da sua vida, você deverá derrubá-los, e levantar ao Senhor Deus um altar. Altar de obediência, fidelidade e dependência.

Ele derrubou o poste ídolo de Baal, que serviu de lenha para o altar. Então, o Espírito Santo revestiu Gideão e ele convocou o povo para a guerra.

Com ele estavam 32 mil homens, prontos para lutar aos olhos do homem, mas não aos olhos de Deus. O Senhor estava selecionando os Seus escolhidos. A primeira seleção foi a fuga dos covardes e medrosos, aqueles que não estavam prontos a crer no Senhor.

> *Disse o SENHOR a Gideão: Ainda há muito povo; faze-os descer às águas, e ali os provarei [...]* (Jz 7:4, AC)

Por último, fez descer às águas os dez mil homens restantes, e retirou aqueles que estavam pondo a sua coragem na força do próprio braço, ou seja, não estavam prontos a depender do Senhor.

Enquanto temos forças para lutar, enquanto estamos convencidos de nossa capacidade, enquanto temos esperança na nossa força, não estamos prontos para adorar. Adoração só é possível quando a força vem totalmente de Deus. Quando se esgotarem completamente as possibilidades de salvação, então você estará pronto para adorar.

Em todo o momento Deus estava ensinando dependência ao povo israelita. Até mesmo ao escolher Gideão, o menor da família mais pobre de sua tribo, Deus demonstrava que a vitória viria de Suas mãos. Ao escolher somente 300 para a guerra, deixa claro que a dependência a Deus deveria ser total, incondicional, irrestrita, pois aquela guerra fazia parte de uma grande lição de confiança e adoração.

Aquele povo estava sofrendo todos aqueles males exatamente porque adoraram a deuses estranhos (Jz 6:10), e agora estavam sendo ensinados a adorar ao Deus Todo-Poderoso.

Deveriam trocar a idolatria por confiança, dependência, enfim, atitudes de adoração.

Ao descer às águas sobraram 300 homens. Somente 300 homens muito corajosos e bem selecionados.

Há três coisas básicas para se vencer uma guerra: 1ª) armamentos; 2ª) um exército resistente; 3ª) estratégia.

Um exército humano se prepararia de maneira natural, com treinamento, estudo de estratégias e um grande arsenal. Entretanto, Deus, no Seu incrível senso de humor, fez exatamente o que nenhum general faria.

O número de um exército de soldados significa resistência ao inimigo, e eles só tinham 300! A estratégia foi tocar as buzinas bem alto e ao mesmo tempo. Que espécie de estratégia era essa? Suas armas foram 301 tochas por todos os lados acompanhadas de gritos "Pelo Senhor e por Gideão!". Uma grande loucura!

Todos eles estavam prontos para a luta, mas ainda algo estava para acontecer.

> *E sucedeu que, naquela mesma noite, o SENHOR lhe disse: Levanta-te, e desce ao arraial, porque o tenho dado na tua mão. E, se ainda temes descer, desce tu e teu moço Purá, ao arraial; E ouvirás o que dizem, e então, fortalecidas as tuas mãos descerás ao arraial. (Jz 7:9-11, ARC, grifos nossos)*

O temor ainda estava presente no coração de Gideão.

Refleti muito sobre a personalidade de Gideão. Quando o Senhor apareceu a Gideão, o chamou de "homem corajoso" ou "homem valoroso", mas tudo o que pude ver foi um homem medroso e inseguro. Temeu represália dos midianitas (vs. 11), temeu o chamado (vs. 15), temeu derrubar os ídolos (vs. 27), temeu a presença do Senhor (vs. 23); pediu a mesma confirmação duas vezes (vs. 39). E mesmo depois das inúmeras confirmações de que Deus o havia dado, minutos antes da guerra, Gideão ainda temia a situação. Creio que Gideão só teve coragem para convocar o povo para a guerra porque o Espírito Santo o revestiu; caso contrário, talvez seu coração o fizesse fugir.

Por que Deus chamou Gideão de corajoso? Por que o chamou para uma missão, se ainda estava inseguro? Pude me ver em Gideão. Apesar de estar avançando em obediência ao Senhor, meu coração ainda se enchia de medo em diversas situações.

Gideão desceu ao arraial inimigo e viu o grande número de soldados, que eram *"como gafanhotos em multidão; e eram inumeráveis os seus camelos como a areia que há na praia"* (7:12). No meio da multidão ouviu a conversa de um homem que tivera um sonho e a interpretação. *"Não é isto outra coisa, senão a espada de Gideão [...] Deus tem dado na sua mão aos midianitas e a todo esse arraial"* (vs. 14).

Os midianitas e amalequitas estavam prontos para perder, mas Gideão ainda estava temendo. Porém, quando Gideão ouviu essa conversa, algo mudou dentro dele.

> E sucedeu que, ouvindo Gideão a narração deste sonho, e a sua explicação, <u>adorou</u>; e voltou ao arraial de Israel, e disse: Levantai-vos, porque o SENHOR tem dado o arraial dos midianitas nas nossas mãos. (Jz 7:15, ARC, grifos nossos)

Gideão adorou ao Senhor. Ele já havia ofertado ao Senhor quando o viu face a face. Ele tinha derrubado os altares de Satanás. Também tinha sacrificado ao Senhor pela casa de seu pai, mas nesse instante ele adorou ao Senhor. Gideão foi curado do medo completamente. Tamanha foi a sua cura que imediatamente ele disse ao povo: "Levantai-vos". Gideão estava pronto para vencer! Aleluia!

O Senhor não mentiu quando o chamou de corajoso, porque era exatamente o que se tornaria quando completasse a Sua obra. O Senhor não nos vê como somos hoje, pobres, inseguros, pequenos e tremendo de medo. O Senhor nos vê restaurados pelo Espírito.

Deus trabalhou na alma de Gideão. Mesmo que os altares a Baal tivessem caído, um altar ainda permanecia dentro de Gideão: o medo. O resultado foi que seus inimigos ficaram tão confusos que fugiram atordoados, pensando estar sendo atacados por um grande exército.

Quando estamos vivendo em total dependência de Deus, ou seja, em adoração, Ele nos chama, nos dá estratégias, nos cura, deixa o nosso inimigo sem ação. Quando adoramos, Deus vem com a Sua glória em nós, com tochas, barulhos de alegria e espada, através do seu Espírito.

Hoje, em nossos dias, Deus está levantando um grande exército, que descerá às águas do caráter transformado e da busca do fruto do Espírito. Deus está selecionando um exército que O adora em espírito e em verdade. Ele fará a sua igreja descer às águas para a seleção do Seu exército, a fim de provar o caráter e o comportamento na verdade.

Enfim, de que lado você está? Suas raízes (motivação) estão em adoração? Você faz parte dos 300 que farão a diferença nesta nação?

Fineias

Estudando a história de alguns adoradores, nos deparamos com o sacerdote Fineias e nos encantamos com sua atitude de adoração.

Você sabe quem é Fineias? Você sabia que ele também foi chamado de amigo de Deus?

A Bíblia conta, em Números 25, que os israelitas em certo momento estavam se contaminando, prostituindo-se com as filhas de Moabe. Essas mulheres convenceram o povo de Israel a sacrificarem aos seus deuses e adorar a Baal-Peor.

Estas convidaram o povo aos sacrifícios dos seus deuses; e o povo comeu, <u>e inclinou-se aos seus deuses</u>. (Nm 25:2, ARC, grifos nossos)

Baal-Peor era o deus da fertilidade. A prática sexual com as moabitas era parte do culto a esse deus.

Os moabitas eram descendentes de Moabe, o filho da união incestuosa de Ló com a sua filha primogênita. Era um povo pagão proveniente da Transjordânia, e adoradores de deuses como Baal e Camos (1Rs 11:33).

Em Deuteronômio 7:1-6, o Senhor já tinha ordenado que o povo de Israel não coabitasse com mulheres pagãs, para evitar exatamente o que estava acontecendo: a contaminação com outros deuses. E foi exatamente o que aconteceu. Aquelas mulheres os convenceram a adorar a Baal-Peor. Por causa disso, uma epidemia matou 24 mil pessoas no arraial de Israel. Então, o Senhor pediu que todos os que haviam se contaminado com a adoração pagã fossem mortos para fazer cessar a epidemia (vs. 4,5).

Para nós, na nossa cultura e época, pensamos que a morte é uma atitude um tanto drástica e até mesmo desnecessária. Um exagero, alguns diriam. Esquecemo-nos de que o salário do pecado é a morte, esse é o destino daqueles que pecam. Em Cristo a ira e a justiça de Deus foi satisfeita, mas naquele tempo só havia sacrifícios de animais. Os animais morriam no lugar do pecador segundo a Lei mosaica, entretanto, naquele caso, nenhum sacrifício expiaria o pecado, os transgressores deviam ser mortos.

Certo dia, estando o povo chorando diante de Deus (na tenda do Senhor), um israelita levou uma adoradora de Baal para dentro de sua tenda deixando que todos a vissem (vs. 6). Era uma afronta!

Imagine o que é estar em uma epidemia. Aquele povo estava de luto. Todos tinham perdido alguém que amavam, um filho, um parente, um amigo, e mais pessoas morreriam, piorando o sofrimento. Enquanto todos sofriam e choravam com a tragédia, um homem, desconsiderando todo o sofrimento e dor, levava uma moabita para dentro do arraial, desfilando às vistas de todos.

Fineias se indignou com aquilo e tomou uma atitude: seguiu o homem até a sua tenda e transpassou sua lança nos dois ao mesmo tempo. Pegou o casal no ato, e os matou com um só golpe. Então Deus disse que naquele momento não haveria mais mortes e cessou a epidemia.

O que mais nos chama a atenção na história de Fineias foi o que Deus falou sobre ele.

<u>Disse Deus a Moisés: Fineias é como eu</u>, não tolera adoração de outros deuses além de mim [...]. Portanto, digo que faço agora com ele uma <u>aliança de amizade</u>. <u>Ele e seus descendentes sempre serão sacerdotes</u>, porque ele não deixou que os israelitas adorassem outros deuses além de mim, e assim conseguiu que fossem perdoados. (Nm 25:11 a 13, NTLH, grifos nossos).

Fineias teve um zelo excepcional pela honra de Deus. Defendeu o seu Deus e o seu povo de uma apostasia. Na sua atitude ele se igualou ao Senhor Deus. Deus o comparou a Si mesmo dizendo: "Fineias é como eu".

Fineias não foi tolerante com o pecado da idolatria, assim como Deus não o é. Naquele momento Fineias e Deus tiveram o mesmo sentimento. Ele adorou quando teve os mesmos sentimentos de Deus, quando se preocupou com aquilo que Ele se preocupava. Defendeu o Seu povo das consequências de alguns, porque assim Satanás não teria mais legalidades no meio do povo.

Como resultado de sua adoração em ação, a epidemia cessou e o pecado do povo foi perdoado.

Sabemos que naquela época o pecado do povo só era coberto mediante um ritual feito uma vez por ano (Dia da Expiação), porém em adoração ele conseguiu que todo aquele ritual não fosse necessário, pois a adoração está acima da lei.

[...] teve zelo pelo seu Deus e fez propiciação pelos filhos de Israel (vs. 13b).

Que coisa tremenda! O sentimento de Fineias foi tão forte que, mediante sua atitude, não foi necessário todo o ritual de expiação da lei. Seu zelo e seu sentimento de justiça foram sua adoração, e essa adoração foi propiciação para todo o povo. Em contrapartida, Deus fez uma aliança de amizade com aquele homem e com seus descendentes, porque na sua coragem agiu com justiça.

Que Deus lhe incentive a ser um adorador e alcançar níveis de relacionamento com Ele assim como foi com Fineias. Que se levantem adoradores cheios de coragem, com seus sentimentos voltados a Deus. Homens e mulheres que não aceitam apostasia, que se indignam com a adoração a outros deuses. Pessoas que confrontam os sentimentos de Satanás com o antídoto, que é a verdadeira adoração.

Daniel

Esse personagem é o nosso preferido. Em toda a Escritura, Daniel é aquele que mais me encanta por seu caráter, firmeza, coragem e fé. São tantas as atitudes de adoração de Daniel, que é difícil eleger a mais relevante.

Daniel foi levado cativo, ainda jovem, para Babilônia. Lá viveu todo o período do cativeiro babilônico e persa. E, apesar de ser um escravo, destacou-se como um homem sábio, cheio de conhecimento, sabedoria, e que tinha um espírito excelente (Dn 5:12; 6:3).

> *[...] Achou-se dez vezes mais doutos do que todos os magos e encantadores que havia em todo o reino.* (Dn 1:20b, AC)

Talvez, os crentes de nossa época fariam "campanhas" para que Deus o libertasse do cativeiro, mas ele não estava preocupado com seus interesses, e sim com os interesses de Deus, que era Jerusalém, o lugar da adoração, o lugar da referência de Deus naquela época (Dn 6:10).

Daniel passou por quatro reis, mas ficou firme como uma rocha naquela terra, e foi uma vara de açoite para os reis babilônicos. Nabucodonosor teve que adorar ao Senhor quando houve interpretação do seu sonho (Dn 2:43); quando Deus livrou os três jovens da fornalha de fogo (Dn 3:28); e após ter recobrado sua sanidade (Dn 4:3; 4:34; 4:37). Seu filho, Beltsazar, viu a glória da Babilônia ruir após Deus ter escrito Sua sentença (Dn 5:30).

O livro de Daniel é uma demonstração do poder de Deus para levantar e abater os reis da terra. E Daniel foi o porta-voz dessa mensagem, não com palavras, mas com um espírito excelente, ou seja, seu caráter íntegro, sua adoração.

> *[...] até conhecer que Deus, o Altíssimo tem domínio sobre os reinos dos homens, e a quem quer constitui sobre eles.* (Dn 5:21b, ARA)

É de se admirar o caráter desse homem. Em tudo colocava Deus em primeiro lugar. Ainda jovem, propôs em seu coração que não se contaminaria com as especiarias do rei (Dn 1:8); a contaminação o separaria de Deus, por isso se absteve.

Fizeram um decreto: ninguém poderia orar a nenhum deus por alguns dias. Daniel, porém, não abriu mão da intimidade com Deus. Talvez no lugar de Daniel, alguns de nós pararíamos de orar, pois seria apenas por alguns dias, mas Daniel continuou porque não estava preocupado em se preservar. Ele preferiu sua intimidade com o Pai.

Daniel adorou em todas as vezes que foi provado. Em todas as provações o nome de Deus foi glorificado. Entretanto, a cada provação Deus ia exaltando seu servo, e o prosperando. Ele foi elevado de posição por quatro vezes, em seus, aproximadamente, noventa anos de vida (Dn 1:20; 2:48; 3:30; 5:29; 6:2; 6:28). Quem diria que aquele jovem escravo seria um homem tão grande?

Deus exaltou Daniel no tempo de crise da nação de Israel, num momento em que ninguém teria expectativas de um futuro melhor. Deus pôs Daniel sobre uma reputação de um dos homens mais influentes da época. Além de poder e influência, Deus revelou a Daniel os seus mistérios e o que havia de acontecer no fim dos tempos. Tudo isso porque ele quis viver os propósitos de Deus, ou seja, adorá-Lo em qualquer circunstância.

Daniel adorou porque era íntegro e honesto. Seus inimigos tentaram pegá-lo em alguma falha, mas não encontraram nada para acusá-lo.

Aí os outros ministros e os governadores procuraram achar um motivo para acusar Daniel de ser mau administrador, mas não encontraram. Daniel era honesto e direito, e ninguém podia acusá-lo de ter feito qualquer coisa errada. (Dn 6:4, NTLH)

Daniel era amado por Deus porque também amava Deus, e era mais chegado não por aquilo que fazia, mas pelos sentimentos íntegros em tudo o que fazia.

As Escrituras contam que Daniel foi buscar o Senhor, sentou-se sobre cinza e vestiu-se de pano de saco, suplicou e se arrependeu não somente dos seus pecados, mas dos pecados de todo o seu povo e de seus antepassados. Um anjo apareceu a Daniel e disse que Deus, logo no início da oração, atendeu ao pedido de Daniel, pois ele era *"homem mui amado"* (Dn 9:23).

Daniel poderia se lamuriar e reclamar com Deus porque era escravo. Poderia reclamar e exigir que Deus o tirasse daquele lugar, afinal ele não era culpado dos pecados de seus pais e de seus antepassados. Poderia justificar-se dizendo que pecou porque os inimigos o provocaram. Poderia pedir vingança para aqueles que o perseguiam. Esses, geralmente, são os argumentos que alguns usam em suas orações. Reclamam de suas insatisfações, exigem de Deus uma solução, murmuram e pirraçam. Entretanto, Daniel conhecia o caminho da adoração, sabia que o coração de Deus se inclina para a oração do arrependido e do contrito.

Tu estás lá nas alturas, mas assim mesmo te interessas pelos humildes, e os orgulhosos não podem se esconder de ti. (Sl 138:6, ARA)

Quando os israelitas foram levados cativos pela Babilônia, a adoração no templo cessou, e parte dos utensílios do tabernáculo foi saqueada e levada por Nabucodonosor como despojo (Dn 1:2). A adoração, porém, não cessou, porque Daniel continuou oferecendo incenso perante o altar de Deus. Seus incensos eram suas atitudes de justiça.

A própria lei separava Daniel da presença de Deus, pois ele não era sacerdote. Daniel era de linhagem real, provavelmente parente do rei Zedequias, mas não era sacerdote e por isso não poderia cultuar. Sabemos que o centro da vida religiosa naquela época era o templo, e a comunicação entre Deus e homens era feita pelos sacerdotes e profetas. Daniel transpôs essas dificuldades e adorou num tempo em que era aparentemente impossível.

Não só ele, mas seus amigos adoradores também ganharam destaque. Misael, Azarias e Ananias, conhecidos por Sadraque, Mesaque e Abede-Nego. Eles preferiram a morte a se render a outros deuses.

Se o nosso Deus, a quem servimos, quer livrar-nos, ele nos livrará da fornalha de fogo ardente e das tuas mãos, ó rei. Se não, fica sabendo, ó rei, que não serviremos a teus deuses, nem adoraremos a imagem de ouro que levantaste. (Dn 3:17,18, ARA, grifos nossos)

Qual de nós estaria disposto a perder sua vida, em vez de se render a outros deuses? A atitude daqueles três jovens era de total abnegação. Se Deus os deixasse perecer, ainda assim não negariam o Senhor. E você, serviria ao Senhor se Ele te deixasse escravo de uma nação? Ou se te jogassem na fornalha ou na cova dos leões? Será que você ainda O adoraria se permitisse que morasse debaixo da ponte ou na miséria? Ainda O glorificaria se permitisse uma grave doença, dor, perda ou calúnia?

Assim como ouro que só tem valor quando passado pelo fogo, a adoração só tem valor quando testada pelo fogo da provação. A adoração desses homens foi provada, e eles foram aprovados. E você, está pronto para o teste? Está pronto para pôr sua adoração em ação?

CAPÍTULO 5
"ADORADOR"
JESUS, POR EXCELÊNCIA

A OBRA DE CRISTO É FASCINANTE para mim. Posso entender perfeitamente quando Paulo fala:

> Ó profundidade da riqueza, tanto da sabedoria como do conhecimento de Deus! Quão insondáveis são os seus juízos, e quão inescrutáveis, os seus caminhos! (Rm 11:33, ARC)

São realmente atraentes as riquezas escondidas em Cristo. São fascinantes!

Quanto mais eu o conheço, mais quero conhecer. Surpreendo-me, eufórica e ao mesmo tempo paralisada, encantada com Ele e seduzida em saber mais dele. A cada revelação, sinto uma necessidade enorme de estar mais perto, conhecer Seu íntimo, saber o que Ele pensa, o que sente, e nessa relação nos tornarmos um.

Quando Deus nos faz entender algo novo, então tudo começa a fazer sentido; as orações ganham sentimento, as palavras ganham força, o louvor conduz-nos às águas profundas.

Ao falar, cantar ou orar, cada palavra, cada melodia ganha forma, vida, cor, pois se tornam a expressão de um novo entendimento. Não são frases marcadas, repetições vãs, gestos incoerentes, mas expressões de intimidade de quem sabe do que está falando.

Foi isso o que aconteceu comigo depois que o Senhor abriu meu entendimento. Aquela, que era uma religiosa cheia de dogmas e rituais, acabara de sofrer uma transformação em uma pessoa cheia de paixão pela intimidade com o Noivo. É isso que a revelação de Deus faz com o nosso homem interior, muda completamente aquilo que somos.

É especialíssimo saber que se hoje podemos ter esse entendimento, conhecer Deus e Seu amor. Cristo é o responsável, Ele nos possibilitou todas essas coisas.

A tribo de Judá

NÃO FOI POR ACASO que Deus escolheu a tribo de Judá para ser a linhagem de Seu Filho, Jesus. Assim como também não foi por acaso, ou aleatoriamente, que Deus escolheu Israel para ser o Seu povo. Judá nasceu de um sentimento de adoração no coração de sua mãe.

> *Vendo, pois, o SENHOR que Lia era desprezada, abriu a sua madre; porém Raquel era estéril. E concebeu Lia, e deu à luz um filho, e chamou-o Rúben; pois disse: Porque o SENHOR atendeu à minha aflição, por isso agora me amará o meu marido. E concebeu outra vez, e deu à luz*

um filho, dizendo: Porquanto o SENHOR ouviu que eu era desprezada, e deu-me também este. E chamou-o Simeão. E concebeu outra vez, e deu à luz um filho, dizendo: Agora esta vez se unirá meu marido a mim, porque três filhos lhe tenho dado. Por isso chamou-o Levi. E concebeu outra vez e deu à luz um filho, dizendo: <u>Esta vez louvarei ao SENHOR</u>. Por isso chamou-o Judá; e cessou de dar à luz. (Gn 29:31-35, ARC)

Lia era desprezada, seu casamento fora fruto da ganância de seu pai. Quem pode saber o tamanho da decepção de Jacó ao perceber, na manhã seguinte, que a mulher que ele esperou por sete anos não era sua. Quais sentimentos ele tinha ao olhar para Lia? Quem sabe o constrangimento de Lia em saber que seu casamento era uma trapaça e que seu marido se decepcionou em sua noite de núpcias. Creio que o rosto de Lia era símbolo de traição, e não de amor, e por mais cruel que pareça não podemos culpá-los. Ela não tinha culpa, Jacó também não, mas aí estava uma situação mal resolvida e sem solução. Lia, por mais bem tratada que fosse, nunca seria Raquel, a desejada, ansiada e amada.

Deus viu sua angústia e deu-lhe filhos para alegrar seu coração, entretanto ela não podia ver o quanto Ele a exaltava, por sua alma estar ferida.

Lia tinha o primogênito de Jacó, dela seria a honra de ser a mãe do patriarca, dela seria a melhor parte, mas em seu coração só havia a amargura da rejeição.

Por quanto tempo eu me senti assim, desprezada por não ter meus pais por perto, por me sentir o "patinho feio"? Por mais honras que tivesse, me sentia a menor da casa de meu pai. Assumi características em mim, carreguei a culpa, me sentia feia, incapaz. E isso virou realidade, me tornei amarga, chata, inconstante, irritadiça, perdida. Nossas carências e amarguras nos paralisam por anos e perdemos a capacidade de aproveitar os presentes que nos são dados por Deus. *"[...] e chamou-o Rúben; pois disse: Porque o SENHOR atendeu à minha aflição, por isso agora me amará o meu marido."*

Lia percebeu que Deus havia lhe presenteado, mas seu coração estava focado naquilo que ela ainda não possuía, o amor de seu marido. E assim como ela, muitas vezes, vemos o que Deus nos dá, mas não nos sentimos satisfeitos, não ficamos gratos de verdade. Algo rouba a alegria que a graça de Deus nos traz. Deus quer resolver nossos conflitos, curar nossa alma, porque sem cura destruímos aquilo que Ele nos dá. Uma pessoa carente fará seu parceiro sempre se sentir muito aquém dos seus padrões de felicidade. O carente nunca está satisfeito, feliz, ou verdadeiramente grato, muito pelo contrário. Mesmo que o mundo esteja aos seus pés, estará esperando mais.

Mesmo com dois filhos, Lia ainda se sentia desprezada, ainda não havia percebido que os filhos não resolveriam o problema.

Seu terceiro filho ainda era um retrato de suas angústias, pois pensava que três filhos seriam uma vantagem na sua disputa com sua irmã. No entanto, não se sabe o porquê, quando nasceu Judá, ela resolveu deixar de lado os sentimentos, a rivalidade e o seu ego para simplesmente adorar ao Senhor.

"[...] Esta vez louvarei ao SENHOR". Naquele momento, no coração de Lia houve uma trégua, e sua madre cessou,

porque havia paz. Infelizmente, Raquel passou a ter o mesmo sentimento, então o coração de Lia novamente se acendeu na disputa. No entanto, de Judá uma tribo cresceu, e dela veio o Salvador para todas as nações.

Rúben perdeu a primogenitura, pois causou desgosto a Jacó. O terceiro, Levi, se tornou a linhagem sacerdotal, porém Judá foi mais excelente, pois dele veio a linhagem real de Davi e de Jesus. De Levi veio a primeira aliança, mas de Cristo veio a verdadeira salvação.

A linhagem de Judá recebeu a promessa de seu pai, como uma profecia que se cumpriu em Cristo.

Judá, os seus irmãos o louvarão e se curvarão na sua frente. Você segurará os inimigos pelo pescoço. O meu filho Judá é como um leãozinho quando mata a sua vítima; ele se agacha e se deita como um leão e como uma leoa. Quem tem a coragem de mexer com ele? Judá vai segurar o cetro de rei, e os seus descendentes sempre governarão. As nações lhe trarão presentes, os povos lhe obedecerão. Ele amarra o seu jumentinho numa parreira, na melhor parreira que há. Ele lava as suas roupas no vinho, lava a sua capa no vinho cor de sangue. Os seus olhos estão vermelhos de beber vinho, os seus dentes estão brancos de beber leite. (Gn 49: 8-12, NTLH)

Quem já viu um leão caçando, mesmo em um documentário na televisão, pode vislumbrar e entender o que Jacó estava dizendo. Um leão, quando consegue sua presa e a carrega pelo pescoço, garante que a desvalida presa não lhe escape.

Quando o leão se agacha, quase deitado para se deliciar da carne da caçada, ele o faz ainda em posição de ataque, prevenindo a qualquer desavisado que ele protegerá sua refeição a qualquer custo. Quem tem coragem de mexer com um leão deitado sobre sua presa?

Esse é um texto messiânico. Jesus é Leão que a tribo de Judá carregou. Ele é feroz contra seus inimigos e esmaga com facilidade sua presa com a força de um leão.

O leão é também chamado popularmente de "o rei da selva", uma bela coincidência com o texto. Jacó profetizou que de Judá sairia uma linhagem real, tão poderosa que todas as nações lhe obedeceriam. Uma linhagem eterna pertence a Judá. Esse é o reino de Deus que será estabelecido eternamente. Nós somos os reis que governarão para sempre, e receberemos os tributos de todas as nações.

Mais à frente, o texto estranhamente desconstrói toda a imponência e realeza para falar de um jumento amarrado na parreira. Inevitável não se lembrar de Jesus montado num jumentinho, enquanto era aclamado: "Rei que vem em nome do Senhor". Uma cena no mínimo intrigante. É um contraste ver um rei sobre um jumento, um jumento zero quilômetro. É bem estranho e até cômico um homem adulto montado num jumento; os pés ficam pendurados sobre o animal que troteia um tanto desajeitado. Qual rei se sujeitaria a isso?

Jesus foi mesmo um homem incomum. Falava com samaritanos – uma mulher samaritana –, comia com leprosos, se relacionava com cobradores de impostos e prostitutas etc. Era um rei montado num jumento.

A parreira é símbolo da nação de Israel, mas o vinho é o símbolo da nova aliança, é símbolo de alegria. E esse rei banha suas vestes no vinho. Há fartura, leite e vinho, em seu reino. Seu manto cor de sangue indica sua morte, mas também há força em seus dentes brancos e fúria em seus olhos vermelhos. Sua força e fúria contra seus inimigos são opostos àquele homem moído pendurado no madeiro. Ele morreu como um cordeiro, mas foi exaltado. Ele morreu, mas ressuscitou em glória. Agora, seus inimigos são postos como estrado de seus pés (1Co 15:25; Hb 10:13).

Ele é o nosso maior exemplo de adorador. Se o imitarmos, impossível não nos tornarmos verdadeiros adoradores.

Se prostrado me adorares

ENTÃO foi conduzido Jesus pelo Espírito ao deserto, para ser tentado pelo diabo. E, tendo jejuado quarenta dias e quarenta noites, depois teve fome; e, chegando-se a ele o tentador, disse: Se tu és o Filho de Deus, manda que estas pedras se tornem em pães. Ele, porém, respondendo, disse: Está escrito: Nem só de pão viverá o homem, mas de toda a palavra que sai da boca de Deus. Então o diabo o transportou à cidade santa, e colocou-o sobre o pináculo do templo, e disse-lhe: Se tu és o Filho de Deus, lança-te de aqui abaixo; porque está escrito: Que aos seus anjos dará ordens a teu respeito, E tomar-te-ão nas mãos, Para que nunca tropeces em alguma pedra. Disse-lhe Jesus: Também está escrito: Não tentarás o SENHOR teu Deus. Novamente o transportou o diabo a um monte muito alto; e mostrou-lhe todos os reinos do mundo, e a glória deles. E disse-lhe: Tudo isto te darei se, prostrado, me adorares. Então disse-lhe Jesus: Vai-te, Satanás, porque está escrito: Ao SENHOR teu Deus adorarás, e só a ele servirás. (Mt 4:1-10, ARC)

Logo após o seu batismo, ou seja, após ser "dada a largada" no seu ministério, Jesus foi conduzido ao deserto pelo Espírito.

Muitas pessoas acreditam que o Diabo é que nos leva ao deserto. Na verdade, o maior interessado em nos ver provados é Deus. É no deserto que nossa alma é tratada, e nosso espírito vence. Apesar de o texto dar ênfase à tentação, esse era um plano de Deus para aprovar Seu Filho.

No deserto não há descanso, não há atrativos, não há beleza nem vida. O deserto é lugar de solidão, sofrimento e morte, porque a natureza humana sofre em lugares extremos. Gostamos de estabilidade, conforto, nutrição. O homem gosta de receber, ser servido, amado, acolhido, mas no deserto só há solidão. No deserto nosso corpo só tem a perder, mas o nosso espírito só tem a ganhar, porque lá aprendemos a depender de Deus.

Enquanto nosso corpo vê miragens e alucinações, nosso espírito recebe revelação. O calor extremo e o frio congelante perturbam nossas defesas naturais, mas o nosso espírito fica forte, capaz de vencer qualquer inimigo. É um lugar onde muitos se perdem, mas, para aqueles que têm como guia o Espírito de Deus, é lugar de encontro. O deserto é um lugar de adoração.

Ali são testadas as estruturas da nossa fé. Ora, crer quando não há luta é muito fácil. É quando nos sentimos solitários, perdidos, desesperançosos, diante do perigo e da morte, quando o único astro guia está lá em cima. Então nossa fé ganha força e nosso homem interior recebe músculos espirituais. Por isso, o Espírito nos leva para o deserto, não para nos tentar, mas para nos provar e aprovar.

Além de todos os desafios climáticos, geográficos, temporais, psicológicos, nutricionais, sem deixar de mencionar o perigo de animais peçonhentos, Jesus jejuou por quarenta dias. O deserto não parece um lugar apropriado para um confronto com as trevas. Olhando superficialmente, Jesus parecia vulnerável. Alguns achariam loucura levar o corpo a tamanho desafio, mas Ele estava submetendo sua carne ao Espírito, e nutrindo o seu espírito.

Eva não foi tentada no seu espírito. Seus sentidos humanos e sua alma foram submetidas à tentação, mas ela perdeu a briga porque não tinha as armas necessárias para enfrentar seu inimigo, apesar de estar em um lugar muito favorável, um jardim.

O jardim é o oposto do deserto. No jardim há nutrição, conforto, beleza; não há extremos, é um ambiente propício para se habitar. Contudo, lá havia um animal peçonhento e uma natureza sugestionável.

Adão e Eva tinham tudo a seu favor, e a natureza humana estava satisfeita, ou seja, não havia necessidade. Então, por que Jesus venceu no deserto o que Adão não fez no Paraíso?

Jesus não tinha nada favorável, humanamente falando, mas possuía uma arma poderosa: o Espírito Santo estava com Ele. Provavelmente a tentação tenha ocorrido após Seu batismo, porque o Espírito Santo desceu sobre Ele naquela ocasião. Jesus não fez nada sozinho, o Espírito de Deus estava presente do Seu batismo (Mt 3:16) até a Sua crucificação (Hb 9:14).

Satanás não tinha a mínima chance. Jesus foi devidamente capacitado para vencer a tentação, porque a natureza humana estava subjugada, e a natureza espiritual estava sobressalente. Ele estava na unção do Espírito sendo capacitado para vencer, focado naquilo que realmente importava.

> *Se tu és o Filho de Deus, manda que estas pedras se tornem em pães. Ele, porém, respondendo, disse: Está escrito: Nem só de pão viverá o homem, mas de toda a palavra que sai da boca de Deus.* (Mt 4:3,4, ARC)

À primeira vista, tive dificuldade de compreender a proporção da tentação. As explicações não me eram convincentes. Uma delas é que Satanás queria que Jesus quebrasse o jejum. Não é uma piada! Foi exatamente o que ouvi. Ora, isso não explica a segunda proposta:

> *Se tu és o Filho de Deus, lança-te de aqui abaixo; porque está escrito: Que aos seus anjos dará ordens a teu respeito, E tomar-te-ão nas mãos, Para que nunca tropeces em alguma pedra.* (Mt 4:6, ARC)

Hum! "Satanás queria que Jesus se suicidasse", alguém me disse certa vez. Pode rir! Eu não pude rir no dia, mas senti vontade.

Entretanto, na terceira proposta vemos o diálogo mudar, e o Tentador abre o jogo e revela sua verdadeira intenção: *"Tudo isto te darei se, prostrado, me adorares"*. Podemos concluir sem hesitar que desde o começo era adoração que Satanás queria.

A importância desse texto é grande. É cheio de simbologias e rico em significados. Por exemplo: os quarentas dias de jejum provavelmente fazem alusão à Lei e aos profetas. Moisés jejuou quarentas dias e também Elias. Moisés representa a Lei, e Elias, os profetas. Jesus veio cumprir a Lei e os profetas (Mt 5:17). Três anos depois esses dois personagens aparecem no monte da transfiguração com Jesus. Por isso, dada a importância de uma reflexão, venha comigo entender: por que Satanás procurava por adoração?

Tendo Jesus fome, o Tentador se aproxima e apresenta-lhe uma solução: *"Se tu és o Filho de Deus, manda que estas pedras se tornem em pães"*.

Na primeira parte da tentação a proposta de Satanás era muito semelhante ao que foi proposto para Eva. As duas propostas se referiam à fome. Eva poderia usar de seu livre-arbítrio para comer do fruto da árvore e saciar seu apetite. Jesus poderia usar de seu poder para saciar sua fome.

Primeiramente, faz um apelo à identidade de Jesus: *"Se tu és o Filho de Deus"*. Analisando superficialmente parece de cunho provocativo, como: Se és mesmo quem dizes ser, revele seu poder. Entretanto, mexer com laços de paternidade era um velho truque, porque com Eva a Serpente usou, da mesma forma, de sagacidade para destruir laços de paternidade.

Da mesma maneira que com Eva, o Tentador não mudou o assunto, e sim o sentido. Em vez de multiplicar, subtrair. Em vez de se doar pela Terra, comer. Em vez de jejuar, transformar pedra em pão.

Ora, Jesus tinha poder para fazer um milagre semelhante ao maná, ou semelhante à multiplicação de pães e peixes.

Jesus é o pão que desceu do céu, é alimento para os famintos. O assunto é conhecido, mas o sentido é oposto. Em vez de doação, esse milagre seria para Seu próprio benefício. Caso Jesus caísse no truque, estaria negando a proposta de Deus e aceitando a proposta da Serpente.

A resposta de Jesus foi magnífica. Tanto a fala do Tentador como as respostas de Jesus são textos bíblicos. Contudo, as três respostas de Jesus são citações do livro de Deuteronômio. Jesus confrontou as propostas de Satanás usando o *Torá*, afirmando e reafirmando que as leis de Deus eram Sua preocupação maior. A seguir, vamos conferir o texto de Deuteronômio que Jesus usou como resposta.

> *E te lembrarás de todo o caminho, pelo qual o SENHOR teu Deus te guiou no deserto estes quarenta anos, para te humilhar, <u>e te provar</u>, para saber o que estava no teu coração, se guardarias os seus mandamentos, ou não. E te humilhou, e <u>te deixou ter fome</u>, e te sustentou com o maná, que tu não conheceste, nem teus pais o conheceram; para te dar a entender que <u>o homem não viverá só de pão, mas de tudo o que sai da boca do SENHOR viverá o homem</u>.* (Dt 8:2-3, ARC, grifos nossos)

Não é interessante que, enquanto Jesus era provado, usasse um texto que falava sobre provação? O povo de Israel também havia sido provado por Deus para revelar o que estava no coração deles. Para revelar se no coração, ou seja, na alma, havia obediência aos mandamentos ou não. Na semelhança de Jesus eles foram provados no deserto, porém caíram e adoraram a um bezerro de ouro.

Deus sabia o que havia nos corações? Claro que sabia! No entanto, mediante a provação do deserto, a verdade seria evidenciada. Jesus estava sendo submetido à mesma provação para que a verdade fosse evidenciada, contemplada pelos seres celestiais, e principados e potestades seriam envergonhados.

Sem provação não haveria evidências, certeza, clareza, limpidez, comprovação. Dessa mesma maneira somos provados, para sermos aprovados (Tg 1:12). É isso mesmo! Você precisa ir para o deserto se quiser ter o diploma espiritual.

O Senhor provou o povo de Israel no deserto por quarenta anos a fim de tratar com a natureza daquele povo. Eles passaram por fome, humilhação, mas Deus os supriu para que aprendessem uma lição: *"o homem não viverá só de pão, mas de tudo o que sai da boca do SENHOR"*. Aquele povo não entendeu, mas Jesus estava pronto a valorizar esse princípio.

Que coisa tremenda! A resposta de Jesus era um grande "golpe" no Tentador, porque estava confrontando sua natureza, o seu veneno. Sua fome física não era tão importante quanto obedecer a seu Pai. E, ainda mais, sua verdadeira comida era a palavra que sai da boca de Deus.

As nossas necessidades não são prioridade. O nosso pão de cada dia, o vestir, o andar, o falar são sustentados pela mão poderosa do Senhor. Se você vive é porque o Senhor te sustenta com o alimento que sai da sua boca. O que sai da boca de Deus? Que alimento é esse mais poderoso que o pão? É a Sua Palavra. Jesus mostra que não havia nada necessário além do relacionamento com Deus, e da confiança na Sua Palavra.

O que Deus decidiu a seu respeito é mais importante do que o dinheiro, do que suas conquistas, seus projetos, ou qualquer coisa que lhe traga aparência de segurança. Só estamos realmente seguros e satisfeitos quando confiamos naquilo que Deus falou, designou, decidiu a nosso respeito.

Dessa vez, o Tentador leva Jesus ao pináculo do templo, um lugar de visão panorâmica. Do pináculo Jesus podia ver a cidade de Jerusalém – o lugar central para o qual ele veio pregar as boas-novas do Evangelho (Jo 1:11) – e centro da cultura judaica. Dali Jesus podia ver o primeiro muro, a vista da porta de Damasco, onde passaria para ser crucificado. Provavelmente, tenha dado uma boa olhada no templo, o centro religioso dos judeus. Um tanto distante, porém visível, o Getsêmani, monte das Oliveiras, onde passaria seus últimos momentos. Uma visão privilegiada de todos os ângulos da sua querida Jerusalém Jesus tinha do pináculo do templo. O lugar era bastante movimentado, um fluxo constante de pessoas passava por ali todos os dias.

Havia uma lenda judaica, e muitos acreditavam nela, que o Messias apareceria dessa forma, envolto por anjos, descendo do céu. A visão de Jesus caindo, enquanto anjos o seguravam, seria um belo espetáculo aos transeuntes. Uma manifestação pública de poder traria a Jesus prestígio e fama. A proposta de Satanás era que Jesus satisfizesse a crença judaica, dando ao povo o espetáculo que esperavam e, ainda pior, fazendo isso por conta própria.

O Messias era esperado como um grande líder político-religioso. Era esperado um reino maior que o de Davi. Um rei que levantaria Jerusalém e seu povo, esmigalhando o poder romano. O rei Jesus, porém, não veio para os holofotes humanos, mas como um rei humilde, montado num jumentinho. Um rei que comia com leprosos, falava e defendia prostitutas, e andava com cobradores de impostos.

A proposta de Satanás era bem simples: abandonar a missão. Em troca, teria o reinado esperado. Não seria um sacrifício muito grande, na verdade seria bem fácil, um atraente atalho. Deixaria para trás a cruz, a dor e a humilhação. Com uma exposição pública tudo estaria resolvido. Que mal haveria nisso? O mal morava novamente no sentido. Dessa maneira Cristo faria uso de Seu poder para benefício próprio. Essa escolha deturparia Sua missão, quebraria o relacionamento de dependência com Deus, seria o fim da salvação para a humanidade. Jesus, porém, responde usando um texto muito importante.

Não tentareis o SENHOR vosso Deus, como o tentastes em Massá. (Dt 6:16, ARC)

Esse capítulo de Deuteronômio consta a confissão de fé do judaísmo, chamada *Shemá (ouça)*. Não somente é um texto importantíssimo para o judeu, como também foi enfatizado por Jesus em Seus ensinamentos (Mt 22:37), tornando-se importante também para os cristãos. O amor a Deus e a obediência à Lei é o tema central do texto.

Jesus novamente usa um texto do livro de Deuteronômio para responder ao Tentador, para reafirmar sua obediência aos mandamentos de Deus, mas não somente isso. O texto faz referência a um momento em Massá em que os israelitas tentarão o Senhor Deus.

Massá e Meribá são palavras que em hebraico querem dizer "pôr Deus à prova" ou "reclamar".

> *E chamou o nome daquele lugar Massá e Meribá, por causa da contenda dos filhos de Israel, e porque tentaram ao SENHOR, dizendo:* <u>Está o SENHOR no meio de nós, ou não?</u> (Ex 17:7, ARC, grifos nossos)

Essa provocação soava como "Se tu és Filho de Deus...", usada pelo Tentador diversas vezes. E quantas vezes eu ouvi isso da boca de cristãos: "Não está o Senhor comigo?"; "O Senhor não me prometeu?"; "Eu sou fiel dizimista, por que estou assim?"; "Deus tem que mudar a minha vida, ou não O servirei!".

Digo a você, leitor, se algum dia essas palavras saíram da sua boca, ajoelhe-se agora e se arrependa. Deus não é nosso servo. Ele é Senhor! Sua murmuração é adoração à Serpente. Isso é muito sério! Assim como Satanás é o tentador, quem tenta a Deus torna-se cria da Serpente.

Em todo o capítulo 6 de Deuteronômio, o texto ensina que as leis de Deus fossem guardadas, memorizadas, atadas ao pulso e na testa, escritas nos umbrais da porta. Essas recomendações serviam como um "dever de casa", para que Israel não se esquecesse do Senhor e fosse levado a adorar outros deuses. Deus estava ensinando àquele povo o caminho da adoração, mas eles se curvavam constantemente a outros deuses.

Novamente Jesus usa um texto trazendo à memória o pecado de Israel, porém demonstrando que Sua natureza era diferente. Ele está nos ensinando a amar a Deus e a obedecê-Lo. Ele está nos ensinando a adorar.

Outra vez o Tentador transporta Jesus ao cume de um alto monte e mostra os reinos da terra e a sua glória. Note que não somente mostra-lhe os reinos, mas também sua glória. Era como se dissesse: "Veja como são gloriosos os meus reinos, e como são fiéis meus súditos. Você os quer? Eu posso dá-los a você. Um trato, de príncipe para príncipe. Não precisa percorrer um caminho tão árduo. Eu ofereço de bom grado, se você se juntar a mim".

Enfim, o Tentador mostra sua real intenção: "*Tudo isto te darei se, prostrado, me adorares*" (vs. 9). Como em um filme de animação infantil, em que o vilão sempre faz sua proposta: "Juntos podemos dominar o mundo". A ganância pelo poder, prestígio e posse oferecidos à humanidade também foram oferecidos a Jesus. Adoração ao reino das trevas.

No texto, a palavra adoração é acompanhada pelo verbo prostrar. Não era um gesto físico de dobrar os joelhos somente, mas, principalmente, dobrar-se diante de sua vontade, proposta, ideia, modelo, filosofia.

Desde o começo era adoração o foco da tentação, assim como foi com Adão e Eva. O assunto parece camuflado, mas agora você, leitor, está instrumentalizado para perceber que essas propostas são velhas artimanhas da Serpente.

Jesus novamente responde com um texto de Deuteronômio e diz: "*Vai-te, Satanás, porque está escrito: Ao SENHOR, teu Deus, adorarás e só a ele servirás*" (vs. 10).

Mediante a proposta revelada e a natureza maligna de Satanás exposta, Jesus também o denuncia como adversário e o expulsa. Jesus explicitamente revela a natureza da Sua missão: adoração e obediência. Ele veio servir a vontade de seu Pai, e em tudo adorá-Lo.

Como Deus, era impossível que ele pecasse; como homem, porém, ele escolheu não pecar. Se Jesus cedesse à tentação, não preencheria os requisitos necessários da Lei. Um cordeiro sem defeito e sem mancha para ser oferecido imaculado a Deus. Caso cedesse, Jesus não venceria o veneno da Serpente. Caso se rendesse à proposta, o pecado e a mentira continuariam reinando. E você e eu ainda seríamos escravos da antiga Serpente.

Graças a Deus, pelo Seu amor, Ele venceu e conquistou o antídoto, basta que você aceite e seja purificado. Não venda seu ministério pelo pão. Não troque sua missão pela religião. Não se prostre à proposta da Serpente.

Uma nova cultura de adoração

ESPANTO! É assim que reagem todos ao ouvir: "Deus se 'autoadorou' na pessoa de Cristo". Realmente soa estranho, mas não é tão absurdo assim se refletirmos um pouco.

É certo dizer que Jesus é Deus? É claro! E dizer que Jesus era um adorador? Também não parece estranho. Juntando as duas afirmações chegaremos à mesma conclusão.

É estranho aceitarmos que Deus se autoadorou porque muitas vezes entendemos adoração como louvação. Então, seria o mesmo que dizer que Deus estava se elogiando. Esse pensamento tem muitas vezes arruinado a maneira como cultuamos. Entretanto, adoração não é louvação.

Louvar é atribuir a honra de algo a alguém. A natureza louva o Criador, mas não O adora. Louvar é dar mérito a alguém por algo, adorar é seguir o exemplo. Podemos admirar um indivíduo pelo seu caráter e mesmo assim não repetir suas atitudes. Existem milhares de pessoas que admiram as atitudes e palavras do Mestre, mas não as praticam. Os templos estão lotados de louvadores, mas uma mínima fração dessa multidão está disposta a adorá-Lo. Bendizer e dar ações de graça com certeza faz parte da vida cristã, mas adoração é o âmago, a essência, a natureza cristã, e é por essa atitude que o Pai procura.

Deus não é um ser que precise ser constantemente bajulado. Muito pelo contrário, Ele não parece gostar de falsidade. Será que estamos mais focados em bajular ou em adorar?

Eu cresci em uma igreja pentecostal, por isso fui incentivada desde pequena a louvar. Digo sem medo de errar que não existe um povo mais treinado a louvar do que o pentecostal. O culto era tomado por: "Glórias! Aleluias! Santo!" Essa era a minha ideia de culto. No entanto, quando o Senhor me mostrou o sentido de adoração, o meu louvor tomou forma, vida e sentido. Quando abro a minha boca para dizer que Ele é Santo, não são palavras vazias, mas agora eu vejo Sua santidade, posso apalpá-la, desejo-a em mim, porque estou caminhando para uma intimidade profunda com o Pai. Nunca deixarei de louvá-Lo, mas antes de tudo quero adorá-Lo.

"Dizer que ama é fácil, quero ver provar!". Quantas vezes já ouvimos essa frase? Palavras sem atitudes são vazias até para nós, que somos humanos, que dirá para Deus? Então, por que insistimos em louvá-Lo, quando não O adoramos?

Enquanto louvar é sinônimo de elogiar, aplaudir, aprovar; adorar é sinônimo de render-se a alguém, prostrar-se, dobrar-se, ajoelhar-se. Adoração é rendição. Não se trata somente de ajoelhar-se fisicamente perante uma pessoa, imagem ou objeto, mas prostrar-se diante de uma proposta, ideia, promessa, oferta, projeto etc. Dessa maneira percebemos quão grave foi o erro da humanidade no Éden.

Quando Eva aceitou a proposta de Satanás, ela o estava adorando. Em nenhum momento Eva se ajoelhou ou proferiu as palavras: "Eu te adoro!", mas ela aceitou sua proposta e se rendeu à sua filosofia. Isso bastou! E, depois da queda do homem, a ideologia que a Serpente lançou virou uma cultura.

A palavra "cultura" vem do latim *colere* e significa cultivar plantas[5]. Mais à frente a palavra sofreu uma mutação, e passou a ser usada com o significado de cultivar na mente. Então, cultura significa incutir ideias e conhecimento nas pessoas, e consequentemente esse cultivo cresce como uma árvore, com raízes profundas, e se torna parte da personalidade do indivíduo.

A cultura de um povo é a sua identidade. O povo brasileiro tem uma maneira peculiar de viver, sentir, pensar, vestir, comer etc. Temos um idioma oficial, regras sociais, leis, moral, costumes, enfim, temos a cara de um povo. Temos características que recebemos de nossos ancestrais, das suas ideologias, experiências e histórias. Essa é a nossa herança, nosso DNA social. Uma cultura não é somente um fator externo. Está arraigada em cada indivíduo, porque a maneira como vivemos e pensamos muda o que somos.

---

5 Cultura. In: Origem da Palavra: Site de Etimologia. Disponível em: <http://origemdapalavra.com.br/site/palavras/cultura/>. Acesso em: 6 jul. 2014.

Todos nós, sem exceção, vivemos uma cultura. E só existem duas culturas espirituais, e obrigatoriamente você está inserido em uma delas (Lc 9:50). Existe a cultura do reino de Deus e cultura do reino das trevas. Os povos têm suas culturas, mas elas estão obrigatoriamente sujeitas a uma dessas duas culturas espirituais.

Quando a Serpente sugeriu que Eva experimentasse uma nova maneira de viver, estava propondo uma nova cultura. Essa escolha mudou seu DNA espiritual, social e, consequentemente, físico. Independentemente de seus arrependimentos, eles teriam que conviver com uma nova cultura para sempre.

Graças a Deus, pelo Seu grande amor, que enviou Seu Filho para nos resgatar, Jesus não veio ao mundo somente para morrer pelos homens na cruz. Se a missão de Cristo se resumisse à crucificação, não seriam necessários 30 anos vivendo como um homem comum em anonimato, e mais 3 anos de ministério. Considere o conjunto da obra, e como foi maravilhosa. Seu ministério foi riquíssimo, e um dos Seus propósitos era em tudo adorar seu Pai.

Durante três anos de Sua vida, Jesus ergueu uma nova cultura. Ensinou-nos sobre o Pai, sobre amar, servir, enfim, nos ensinou a cultura de Seu reino. Não é por menos que tenha dito tantas vezes: *"O reino dos céus é semelhante a [...]"*. Ele estava nos ensinando novos princípios, novas ideologias de vida, ou seja, uma nova cultura. Sua cultura é adorar o Pai, ou seja, se render ao Seu reino. Adorar a Deus nada mais é do que viver a cultura do Céu.

Jesus demonstrava através de suas atitudes e sentimentos a natureza de Deus. Isso é adoração. O Seu caráter era semelhante ao de Seu Pai, e por isso podemos dizer que Jesus era um adorador. Não se tratava de palavras, mas de fatos. Deus veio em carne para nos ensinar a adorar, para nos ensinar a cultura de Seu reino. Ele se 'autoadorou' para fazer de você um adorador.

Adoração é investir no Seu reino, conhecer a Sua vontade e amar a Sua cultura. Como dizia o salmista: *"Oh! quanto amo a tua lei! É a minha meditação em todo o dia"* (Sl 119:97, ARC). O mundo com a sua cultura não deve atraí-lo. A busca por poder, fama, *status*, dinheiro, ficou para trás. Ver e ser participante do reino de Deus é muito mais atraente. Isso é adoração.

É extremamente triste ver os líderes de nossas igrejas amando a cultura de Satanás e conduzindo o povo ao mesmo erro. Pessoas dispostas a doar a vida pelo capital, pela fama, pelo poder. Entretanto, com uma retórica divina, como se vivesse para o Reino, mas vivem para o capital e por seus interesses.

No reino de Deus os princípios são diferentes. Doação por vidas, amor ao próximo e amor pelo Reino.

O reino do deus deste século está quase no fim. Não há investimento mais seguro do que investir no reino de Deus, pois é eterno. Se você perder a sua vida neste reino, ganhará no reino de Deus. Entretanto, os verdadeiros adoradores investem porque amam o reino de Deus e a vida deles não têm sentido sem Ele.

Muitos se enganam pensando que Jesus veio fundar o cristianismo. Muito pelo contrário, ele veio desmascarar toda uma máquina religiosa e humana que havia se levantado em torno das leis de Deus.

O *Talmud* era uma interpretação rabínica do *Torá*. Muitos costumes foram agregados à Lei, como se fossem uma ordenança divina, mas eram somente costumes humanos. Em muitos de seus ensinamentos, Jesus derrubava esses dogmas religiosos, confrontando os fariseus não somente em palavras, mas também em atitudes.

O propósito de Deus, desde o início, era que as suas leis estivessem cravadas em nossa mente e coração, não em tábuas de pedras (Hb 8:10). Deus deseja amor, mas muitos "cristãos" insistem em apreciar rituais, cumprir protocolos, viver dogmas e tradições humanas, a ser moldados pela cultura do reino de Deus. Estamos tão apegados à nossa cultura religiosa, nossas ideias teológicas, concepções filosóficas, que ficamos cegos em perceber que quem está sendo adorado é Satanás, porque foi ele quem inventou a religião quando disse: "sereis como deuses". Ora, quem é o alvo do culto religioso senão o homem?

A cultura da nossa pátria celestial deve ser o nosso estilo de vida. A cultura do Reino é ser como o Filho. A cultura do Reino é abandonar a proposta da Serpente e viver a proposta de Deus. A cultura do Reino é obedecer, entregar, renunciar, depender, perder essa vida para ganhar a eternidade. A cultura do Reino é ser um verdadeiro adorador.

Em tudo Cristo apontou para o seu Pai. Ele não quis honra, poder, fama ou elogios. Não quis ser chamado de bom (Lc 18:19), não queria o crédito dos milagres, mas dava crédito à fé das pessoas. Por muitas vezes pediu discrição quanto aos milagres, em alguns casos pedindo que guardassem segredo (Mt 8:4; Mc 5:19; 1:34; 1:44). Ele não se colocou como Deus até o momento em que Deus o honrou com glória, poder e majestade. Ele se assentou em um lugar de honra e não foi sozinho, mas levou sua noiva. Aquele que vencer o veneno da Serpente, se assentará com Cristo nesse lugar de honra.

Ao que vencer lhe concederei que se assente comigo no meu trono; assim como eu venci, e me assentei com meu Pai no seu trono. (Ap 3:21, ARC)

Verbo Vivo

Porque a palavra [logos] de Deus é viva e eficaz, e mais penetrante do que espada alguma de dois gumes, e penetra até à divisão da alma e do espírito, e das juntas e medulas, e é apta para discernir os pensamentos e intenções do coração (Hb 4:12, ARC, acréscimo nosso).

A PALAVRA DE DEUS É TÃO PODEROSA. É mais poderosa do que qualquer instrumento de corte, porque alcança onde nenhuma espada poderia alcançar, o homem interior. Ela pesa e conhece até as intenções mais profundas, e os pensamentos mais obscuros do homem. A alma tão dominada pelo mal, e o espírito sem direção são dissecados perante o poder da Palavra. Mas de que "Palavra" estamos falando? Que poder é esse?

A palavra de Deus é toda Sua mensagem oral e escrita, revelada pela fé. As Escrituras, a Lei Mosaica, os rolos dos profetas, os rolos históricos, os salmos, os evangelhos, as cartas etc. foram inspirados pelo Espírito, e, sem dúvida, são a palavra de Deus. Nela contém toda a revelação, e por ela aferimos todas as coisas. Porém, quando lemos no texto anterior, não é exatamente à Bíblia que o autor de Hebreus se refere. Na citação, a palavra no grego é *logos*.

A palavra grega *logos* aparece na Bíblia em mais um texto importante, e é imprescindível para a nossa compreensão.

No princípio era o Verbo [logos], e o Verbo estava com Deus, e o Verbo era Deus. (Jo 1:1, ARC, acréscimo nosso)

Que revelação grandiosa João nos relata. Jesus é o *logos* encarnado, personificado. A Palavra é Jesus. O verbo, o vocábulo ou o som da Criação, é Jesus. Na criação, Cristo era a ordem de comando do Grande Arquiteto. A palavra da Sua boca deu forma e o Espírito deu vida.

Quando penso na Criação, fico deslumbrada em saber que o som da boca de Deus – essa é a minha humilde imaginação, e infinita insipiência dos fatos – fez surgir todas as coisas. Ele falou e simplesmente as partículas obedeceram, os átomos juntaram-se, e o universo se expandiu. As leis da física e química se estruturaram, e os corpos celestes se formaram. Que grande poder há no som da Sua voz. Quem pode entender?

O que faz uma palavra, um som, ter tanto poder? Como pode ter dado ordem e tudo obedecer? O poder desse som está no caráter do locutor. A palavra de Deus tem poder porque Ele é. Seu caráter é perfeito e puro, por isso tem poder, força, autoridade, jurisdição para mandar e ser obedecido.

O próprio Deus se intitula "Eu sou o que eu sou". Foi assim que Ele mesmo se definiu. Se eu fosse definir minha própria personalidade, escolheria uma lista de virtudes e defeitos. Encontraria algumas palavras, talvez uma bela frase para definir quem sou. Entretanto, devemos observar que nossa capacidade de definição é fruto de nossas referências e comparações. Por exemplo, quando penso que sou extrovertida é porque busquei referências em minha memória de pessoas que considero ter essa característica, e assim faço uma comparação comigo mesma. Quando penso ser teimosa, é porque percebi características semelhantes em alguém, e fiz uma análise, e assim sucessivamente. Deus definiu a Si mesmo, buscando referências Nele mesmo. Ele é o parâmetro de comparação para Sua própria avaliação. "Eu sou o que eu sou". Isso define tudo!

Seu caráter é o Seu poder. Ele faz tudo porque Ele é. A Sua palavra basta. Depois de cada etapa da Criação Ele mesmo aprovava Seus feitos. "E viu Deus que era bom!". Ele assina a obra e diz: afirmo e dou fé. Ele basta em Si mesmo. Ele aprova a Si mesmo.

Alguns anos atrás, eu vi a notícia de um senhor que achou uma maleta em um trem contendo 200 mil reais em dinheiro, cheques e notas promissórias. Imediatamente, esse senhor procurou a polícia e entregou a quantia às autoridades. A notícia impressionou tanto que passou por vários dias em jornais locais e, em seguida, em rede nacional. Muitos o chamaram de louco, enquanto outros ovacionaram seu caráter. As pessoas entusiasmaram-se ao observar que ainda existem pessoas honestas no mundo. Mesmo aqueles que não estão dispostos a seguir seu exemplo admiram-se com aquela história.

Você confiaria uma maleta de 200 mil reais a um estranho? Provavelmente até mesmo alguns conhecidos seriam alvos de nossa desconfiança. Particularmente, eu avaliaria o caráter. Alguém de caráter, e digno da minha confiança. Alguém de palavra, e com crédito.

E se você, você mesmo, fosse submetido a um teste de caráter, será que seria aprovado? Pois é! Deus, na pessoa de Jesus, espontaneamente permitiu que Sua palavra fosse testada.

O caminho de Deus é perfeito; a palavra do SENHOR é provada; é um escudo para todos os que nele confiam. (Sl 18:30, ARC)

Uma pessoa de palavra é aquela que tem boa fama, reputação, crédito, aval. Para isso, a palavra deve ser experimentada. Para se afirmar que alguém é de confiança, provavelmente essa pessoa deu provas de seu caráter. Deus fez isso, submeteu a Sua palavra (Cristo) a um teste de experimentação, para ser aprovado por Ele mesmo. Então, Cristo veio para a nossa dimensão – o mundo visível – para ser glorificado.

Santifica-os na tua verdade; a tua palavra [logos] é a verdade. (Jo 17:17, ARC, acréscimo nosso)

Estamos acostumados a entender que a palavra de Deus é somente a Escritura, enquanto Cristo é a Palavra encarnada. Acabamos por obter uma visão unilateral da missão de Cristo. Seus ensinamentos são importantíssimos, não há dúvida, mas Seu caráter e Suas atitudes deram destaque a Seus ensinamentos.

Veja bem. O que mais importa a você, alguém que fala bem, com retórica, ou alguém que vive o que fala? É simples assim! O que Jesus ensinou foi maravilhoso, mas isso não o diferenciaria de vários homens "sábios"; quando, porém, Ele provou o Seu caráter na cruz, mostrou a verdade e nos salvou.

A palavra de Deus é o Seu caráter revelado em Cristo. É o Seu caráter que nos santifica, pois, pelo que Ele é, somos constrangidos a ser conforme a Sua semelhança.

Hoje somos as testemunhas do caráter de Deus, nós, que cremos e O conhecemos. Assino e dou fé.

Somos chamados a ter o Seu caráter, não somente uma retórica cristã, mas a sermos verdadeiros. Se não somos parecidos com Cristo, então não passamos de uma mentira, fazendo-nos semelhantes à Serpente.

Seja, porém, o vosso falar [logos]: Sim, sim; Não, não; porque o que passa disto é de procedência maligna. (Mt 5:37, ARC, acréscimo nosso)

A palavra dita com verdade, prova fiel de bom caráter, nos iguala a Cristo. A mentira, pelo contrário, nos iguala àquele que é o pai da mentira.

Verdade X mentira

A lei foi dada por meio de Moisés, mas o amor e a verdade vieram por meio de Jesus Cristo. (Jo 1:17, ARA)

O QUE É A VERDADE? Eis aí um assunto polêmico. No mundo de hoje cada um parece ter sua própria verdade, conceito, interpretação e descrição da verdade. Nos nossos dias a verdade está relativizada.

Em minha cidade, no horário de almoço, passava na televisão um programa policial que começava com a seguinte frase: "Num crime há três versões: a da vítima, a do bandido e a verdadeira". Essa frase sempre me deixou pensativa. *Ora, a vítima sabe bem o que se passou com ela*, pensava de imediato. No entanto, aquele que investiga não pode confiar em versão alguma, nem mesmo na da vítima, somente em fatos comprovados. Para o ser humano a verdade depende de memória, acuidade mental de quem fala, linguagem, interpretação etc. Por isso os fatos devem ser apurados.

A verdade, muitas vezes, parece uma versão indesvendável ou inatingível de uma história, mas, ao contrário do que muitos acreditam, a verdade é e sempre será verdade, independentemente das opiniões e experiências humanas.

Por que a verdade parece ter várias versões? O ser humano relativiza a verdade porque o veneno da Serpente obscurece seu entendimento para que não conheça a liberdade.

> *Pois mudaram a verdade de Deus em mentira, e honraram e serviram mais a criatura do que o Criador, que é bendito eternamente. Amém.* (Rm 1:25, ARC)

Em alguns versículos anteriores a esse texto, Paulo explica que o homem é indesculpável, pois toda a criação revela a glória de Deus, mas apesar de contemplarem não são gratos a Deus e ainda não Lhe conferem o poder e a glória. Dão milhões de explicações e arrumam deuses, e dão a glória que é de Deus a outrem. A humanidade atribui sua existência a fenômenos, e confia na própria capacidade de provar a sua verdade.

Transformaram a verdade em mentira. Olhe ao seu redor, em nossa sociedade: o certo se tornou errado, e o errado, certo. Nossos valores, nossa moral, nossa cultura, literatura, filosofias de vida, está tudo contaminado com mentiras. Vivemos envolvidos com falsidades, falácias, distorções, corrupções etc. Contudo, a Bíblia nos garante que Jesus é a verdade.

Por muito tempo, eu não conseguia entender como uma pessoa pode ser a representação da verdade, já que verdade é algo abstrato no campo das ideais. Por isso, para mim, seria impossível que uma pessoa fosse a representação da verdade absoluta.

A Bíblia nos diz, e o próprio Jesus se definiu como a verdade. Jesus não mostra a verdade, Ele é a verdade. Jesus é o detentor da verdade, e a própria verdade. Não de forma abstrata, mas literal.

Cristo é a verdade e Satanás, a mentira. Essa é a natureza deles. Não há verdade em Satanás, e não há mentira em Cristo.

Vamos entender a natureza dessa verdade e também da mentira.

Vós tendes por pai ao diabo, e quereis satisfazer os desejos de vosso pai. Ele foi homicida desde o princípio, e não se firmou na verdade, porque não há verdade nele. Quando ele profere mentira, fala do que lhe é próprio, porque é mentiroso, e pai da mentira. (Jo 8:44, ARC)

Satanás é o pai da mentira porque foi o pioneiro nesse ofício. Ele não se firmou na verdade, ou seja, não conseguiu viver essa proposta, porque a verdade não faz parte da sua natureza. Precisamos, porém, entender de que mentira Jesus estava falando.

Em capítulos anteriores, mostramos como Satanás convenceu os anjos e também Eva com o mesmo discurso de que Deus não era quem dizia ser, ou seja, que não era digno de confiança. Tentou descredibilizar a palavra de Deus. Ele levantou um falso testemunho a respeito da natureza de Deus, essa foi a sua primeira mentira.

Essa mentira se tornou sua principal arma de engano, com o qual escravizou a humanidade por séculos e séculos. Com essa arma ele levantou o seu reino na terra e por muito tempo esteve no comando dela, governando como o príncipe deste mundo (Jo 12:31; 14:30; 16:11). Jesus, porém, veio como a Palavra encarnada, mostrando ao mundo o caráter de Deus.

> E, <u>despojando</u> os principados e as potestades, publicamente os expôs ao desprezo, triunfando deles na cruz.
> (Cl 2:15, ARA, grifos nossos)

Os generais romanos tinham por costume, após uma vitória, realizar um desfile. Nesse desfile de vitória, caminhavam por toda a cidade exibindo seus despojos,[6] suas novas aquisições, entre eles novos escravos.

Cristo na cruz venceu e despojou, ou seja, desarmou principados e potestades os expondo à vergonha. Ora, qual

---

[6] Em uma guerra, quando o exército vencedor tomava posse de todos os bens e armas do exército inimigo, isso se chamava despojo (1Cr 10:9).

arma Satanás usava contra o homem? Qual foi o seu grande trunfo por séculos? Sua poderosa armadilha: a mentira. Mentira sobre o caráter de Deus e Sua natureza.

Satanás convenceu o homem de que Deus não era o que dizia ser, e assim separou o homem de Deus. Foi dessa forma que ele matou os homens, e por isso Jesus o chamou de homicida desde o princípio (Jo 8:44). Então, Deus, na pessoa de Jesus Cristo, provou quem realmente Ele é. Provou o Seu amor, Sua justiça, Sua misericórdia, Sua fidelidade, enfim, mostrou em atitudes o Seu caráter. Ele não precisava provar nada a ninguém, mas fez porque o Seu caráter é justo.

A vitória de Cristo arrancou todas as armas de engano de Satanás, e suas mentiras caíram por terra. A cruz foi a consumação do Seu propósito, mas a vida Dele já era um "tapa na cara" de Seu inimigo.

Durante Sua caminhada na terra ele perdoou pecados, curou, libertou, ensinou, tudo por Seu amor. Na pessoa de Jesus, Deus provou que Seu inimigo estava mentindo sobre Seu caráter. "Diante dos fatos não há argumentos", já diz o ditado popular. Os argumentos do inimigo ficaram sem crédito e, consequentemente, sua palavra foi descredibilizada diante de todos.

"Os expôs ao desprezo". O grande mentiroso foi desmascarado e envergonhado. Satanás foi envergonhado porque foi publicamente desmascarado, desarmado e humilhado no desfile da vitória de Cristo.

Agora Satanás não é mais o dominador deste mundo porque foi amarrado e saqueado por Cristo (Mt 12:29). É ainda mais humilhante para o inimigo saber que seus antigos escravos agora estão acima dele hierarquicamente, porque em Cristo nos assentamos em lugares de autoridade celestiais (Ef 2:6).

O tiro saiu pela culatra! O que era maldição virou bênção. O que era contra nós tornou-se nossa glória. A guerra que parecia perdida tornou-se nossa vitória. As armas que nos oprimiam tornaram-se nosso despojo.

O homem no Éden era imortal, mas em Cristo seremos imortais e glorificados. O homem no Éden estava no jardim, em Cristo moraremos na Nova Jerusalém. Adão tinha domínio sobre o jardim e os animais; em Cristo temos domínio sobre principados e potestades. Antes, Deus visitava-os ao entardecer, mas agora podemos estar com Ele todo o tempo, ser Sua morada, e mergulhar nas profundezas do Seu coração. Antes éramos como príncipes, mas em breve seremos reis.

Aleluia! Só Ele foi capaz de fazer uma obra tão poderosa. E apesar de, por um pequeno período de tempo, ter parecido que o inimigo estava com vantagem no placar, toda a estratégia de Deus estava armada desde a fundação do mundo. Esse é o nosso Deus! Só Ele é digno de adoração.

Em uma de nossas inúmeras conversas, Monica me confessou que antes nunca pôde entender por que os anjos clamam: "Digno!" Mas hoje consegue entender que ele provou ser merecedor do título de honra:

"Ele provou ser digno de adoração. Ele é Digno! Aleluia! Ele merece o louvor dos nossos lábios, merece nossa vida de adoração. Ele merece sua entrega, doação e sacrifício. Ele merece cada gota de suor e lágrima, sofrimento, dor, perseguição e açoite que você venha sofrer em nome Dele."

E olhei, e ouvi a voz de muitos anjos ao redor do trono, e dos animais, e dos anciãos; e era o número deles milhões de milhões, e milhares de milhares, que com grande voz diziam: <u>Digno é o Cordeiro</u>, que foi morto, de receber o poder, e riquezas, e sabedoria, e força, e honra, e glória, e ações de graças. (Ap 5:11, ARC, grifos nossos)

"Ele deixou Sua glória, Seu reinado, para descer, descer e descer. Ele provou ser digno de adoração em adoração. Por isso os anjos, os vinte e quatro anciãos e os seres viventes O adoram. Mais do que Rei, Ele é digno de todo o louvor e adoração.

Não somente provou a verdade, mas também provou o caráter de Deus. Ele provou ser o *Logos* encarnado, como também provou em atitudes quem Deus é. E Ele fez isso num corpo humano.

Por que era necessário que Ele viesse em um corpo? E por que tinha que ser o próprio Deus? A resposta é simples! Ele veio purificar tanto o mundo físico como o espiritual."

De sorte que era bem necessário que as figuras das coisas que estão no céu assim se purificassem; mas as próprias coisas celestiais, com sacrifícios melhores do que estes. (Hb 9:23, ARC)

É difícil imaginar que haja coisas na dimensão celestial que precisam ser purificadas. Monica, em uma de suas pesquisas, surpreendeu-se ao levantar que diante dos seres celestiais há uma mentira que ficara pendente. E o tabernáculo celestial exigia sacrifícios superiores.

Ele era dos dois mundos, do reino espiritual e do físico; era homem e Deus. Ele veio como Deus, para purificar as coisas celestiais, e veio como homem para purificar as coisas do mundo físico. Ele veio resolver o problema nos dois reinos e unir os dois mundos novamente.

A pergunta que fica no ar é: se Satanás foi desmascarado e suas armas tiradas, por que a humanidade ainda continua caindo nas mesmas armadilhas? Por que muitos cristãos ainda estão presos nas armadilhas da Serpente?

A resposta é simples: porque a Verdade precisa ser conhecida.

Jesus dizia, pois, aos judeus que criam nele: Se vós permanecerdes na minha palavra, verdadeiramente sereis meus discípulos; E conhecereis a verdade, e a verdade vos libertará. (Jo 8:31,32, ARC)

Note a ordem: 1º) Jesus disse aos que criam nele; 2º) estes deviam permanecer no que ouviram, então seriam discípulos; 3º) só então conheceriam a verdade; 4º) por fim, seriam libertos.

Crer, permanecer, conhecer e ser liberto. Não basta crer, é necessário permanecer, e conforme a verdade é revelada, nosso sangue é purificado do veneno que nos viciou no mal. Isso é libertação.

O conhecimento da verdade é a chave para a libertação. Entretanto, há um "porém": conhecer a Cristo não é saber Seu nome, ou clamá-Lo na dificuldade; conhecer a Cristo é ser íntimo Dele.

Curiosamente a palavra "verdade" no hebraico *emunah*, significa confiança. Só há confiança quando há genuinidade, fidelidade, boa-fé, verdade.

Confiança é conhecimento. Você confiaria sua casa, seu carro ou seus filhos a alguém que não conhece? Provavelmente não. Isso porque não confiamos em quem não conhecemos. E por quê? Porque não sabemos a verdade sobre aquela pessoa, sua verdadeira intenção e objetivo.

Muitos acreditam que Jesus se fez homem para experimentar as agruras dos homens, entretanto ele veio ser experimentado pelos homens. Ele se fez conhecido para que a verdade viesse à tona, e pudéssemos ter intimidade com Ele. Jesus se fez homem para deixar-se ser conhecido pelos homens.

A Palavra já foi testada, Seu caráter aprovado por Deus e visto pelos homens. Agora é hora de aprofundar-se na intimidade com Ele. Uma vida dedicada a cobrir-se da poeira das sandálias do Rabi Jesus. Andar tão perto Dele, até que estejamos cobertos pela poeira de suas sandálias, até que tenhamos o mesmo cheiro, os mesmos hábitos, desejos, o mesmo caráter.

À medida que você O conhecer e permanecer Nele, automaticamente confiará Nele. Consequentemente, a confiança trará segurança e paz.

Adoração é o mais alto nível de libertação, porque liberta a alma do veneno da Serpente, por isso há liberdade na confiança em Deus. A verdade cura porque traz segurança e paz.

A verdade, quando conhecida, é confortável, acalentadora e gratificante. Essa cura e essa libertação nunca seriam possíveis sem o antídoto, nem mesmo poderíamos crer em Deus se não fôssemos atraídos por Ele.

Não é assim com os ímpios, mesmo diante da vida preferem a morte, diante do bem preferem o mal, diante da verdade preferem a mentira. Isso porque o veneno da Serpente corre livremente em suas veias. Por isso os ímpios não podem adorar a Deus, porque ninguém pode honrar antes de crer.

O que tem sido verdade para o "cristão moderno"? Será que temos vivido coerentemente com os ensinamentos do Mestre? Será que temos procurado conhecê-Lo intimamente, e não segundo conceitos religiosos ou teológicos? Será que temos sido autênticos, constantes, verdadeiros? O que mais nos tem atraído: as propostas do deus deste século ou de Cristo? Estamos apaixonados pelas riquezas escondidas em Cristo ou amamos as propostas do mundo e a riqueza que ele promete? Faça uma análise.

Verdade, do grego *aletheie*, a realidade que resiste à aparência, não oculto, não escondido.

Filhinhos, não amemos [meramente] de palavra, nem de língua, mas por obra e em verdade [atitudes]. (1Jo 3:18, ARC, acréscimo nosso).

A verdade não é uma realidade superficial, mas intensa e profunda, que resiste ao disfarce. A verdade só é verdade quando conhecida, quando vem à tona, quando não está escondida ou oculta.

O caráter e o comportamento do cristão devem estar baseados na verdade. Fé, confiança, dependência, amor, enfim, suas atitudes de adoração, devem estar baseados na verdade. A verdade, porém, só vem à tona quando é testada. Por isso, o Senhor te submeterá à prova da verdade constantemente, e em várias áreas de sua vida não porque Ele precise saber a verdade. Entretanto, da mesma forma que o ouro só tem valor quando é posto no fogo, o adorador só tem valor quando é aprovado na verdade.

O nome acima de todo nome

> *O qual, sendo o resplendor da sua glória, e a expressa imagem da sua pessoa, e sustentando todas as coisas pela palavra do seu poder, havendo feito por si mesmo a purificação dos nossos pecados, assentou-se à destra da majestade nas alturas.* (Hb 1:3, ARC)

ELE É O RESPLENDOR DA GLÓRIA, ou seja, é a satisfação e o orgulho de seu Pai. Ele é idêntico ao Pai. Sua palavra é igualmente poderosa. Ele sustenta todas as coisas, ou seja, todo o universo está em harmonia por causa de Seu caráter. Mesmo sendo Deus, mesmo sendo merecedor, mesmo tendo tudo, se importou em nos purificar, e, por causa de Seu sacrifício, o seu Pai lhe deu um nome que é acima de todo nome (Fl 2:9), de maneira que todos se sujeitem a este nome.

Para nossa cultura o nome é só uma forma de diferenciação. Normalmente, os pais escolhem os nomes dos bebês mediante nomes conhecidos, uma combinação de sons, sílabas que têm uma fonética agradável. Porém, no mundo antigo não era assim. Era comum acreditar que pelo nome poderia se conhecer uma pessoa, seu caráter e até mesmo o seu destino. O judeu também tinha essa crença, e vemos vários relatos semelhantes na Bíblia. Até mesmo o nome de lugares era dado mediante um acontecimento ou nome do homem que residiu ali.

Quando Deus mudou o nome de Jacó, estava marcando a mudança do caráter de Jacó, de um homem trapaceiro, para um homem que seria o pai da nação escolhida. Jacó resistiu, lutou com Deus, mas o Senhor tocou em sua carne para fazê-lo render-se. Seu nome foi mudado para "aquele que lutou com Deus e com os homens, mas venceu" (Gn 32:28). Venceu Deus? Não! Ele venceu a si mesmo. Venceu quem ele era: Jacó, o trapaceiro. Ele havia usado de trapaça com os homens e até com Deus. Entretanto, saía de Jaboque um novo homem com um novo destino. Não somente com um futuro pela frente, mas pronto para encarar o seu passado, e resolver um relacionamento rompido com seu irmão.

O nome Israel – aquele que lutou e venceu – era ainda mais poderoso do que o ousado trapaceiro. Seu novo "eu" era ainda mais honroso do que o seu passado.

Como é fabuloso poder deixar o que somos para trás. Às vezes somos marcados e estigmatizados por uma imagem do passado. Imagens que as pessoas insistem em lembrar e rotular. Imagem que nós mesmos lembramos com pesar e vergonha. Mudar o nome é a possibilidade de uma nova vida. Um novo recomeço, um novo destino. No entanto, o preço para se ter um novo nome é vencer.

Além de Jacó, Deus mudou o nome de vários homens, porém cada um deles precisou vencer suas limitações e dificuldades. Deus mudou o nome de Abrão – grande patriarca – para Abraão – pai de muitas nações (Gn 17:5). Porém, primeiro ele precisou passar pelo teste do tempo, e com noventa e nove anos Deus prometeu fazer dele uma grande nação. O tempo era um empecilho para sua fé, porque um homem velho não podia ser um grande patriarca, muito menos o pai de uma grande nação. No entanto Deus estava forjando o pai daqueles que creem, e até hoje somos alcançados com a promessa de Abraão. Mudou também o nome de Sarai para Sara, estendendo Sua promessa a ela. Deus mudou não somente o destino daquele casal, mas o destino de muitas gerações, mudando o seu nome.

Jesus chamava Simeão – inconstante – de Pedro – rocha, pedra, firmeza (Mt 16:18). Mesmo que tenha levado um tempo para Pedro fazer jus ao nome, ele foi trabalhado em seu caráter até que se tornasse uma rocha. Em sua carta, Pedro ensina que devemos ser "pedras vivas", fazendo um trocadilho com o seu nome e o chamado de Cristo (1Pe 2:4-8).

Saulo, o grande, também é conhecido como Paulo, o pequeno. Paulo tinha dupla cidadania e mantinha os dois nomes conforme o costume de sua época. Saulo, o grande, era um homem cheio de privilégios e honras, orgulhoso de seu título e tido por todos como uma autoridade. Paulo, o pequeno, era o perseguido, humilde, sem títulos e com o coração rendido em obediência a Deus. Paulo sofreu uma transformação na sua caminhada com Cristo, e em suas cartas nos ensina a não nos considerarmos maiores do que ninguém (Rm 12:3).

Jesus também recebeu um novo nome dado por Deus, porém não é um nome novo simplesmente, mas um nome acima de todos os outros nomes. Uma patente alta, a maior que existe, seu nome está acima dos reinos da terra, principados e potestades, e todos os seres celestiais (Hb 1:4).

E, achado na forma de homem, humilhou-se a si mesmo, sendo obediente até a morte, e morte de cruz. Por isso, também Deus o exaltou soberanamente, e lhe deu um nome que é sobre todo o nome; Para que ao nome de Jesus se dobre todo o joelho dos que estão nos céus, e na terra, e debaixo da terra, E toda a língua confesse que Jesus Cristo é o SENHOR, para glória de Deus Pai. (Fp 2:8-11, ARC)

Por que Deus deu um nome novo a Jesus? O texto anterior nos responde. Por que ele venceu. Sendo Deus e sendo homem humilhou-se, por isso Deus o exaltou. Deus o elevou ao lugar mais alto. Todos, um dia, terão que admitir que Jesus Cristo é o Senhor. Todos terão que se curvar à proposta do Rei Jesus. Isso é pura adoração. Um dia viveremos a Sua proposta eternamente.

Jesus venceu! Venceu por mim e por você, para nos dar uma segunda chance. Para mudar nossa história marcada pela escravidão do pecado, e mudar nosso destino. Não havia espada, lança, gritos. Não foram usados força, poderes ou persuasão. Não houve acordo, bandeira branca, rendição. Jesus venceu usando a arma da adoração. Ele venceu e despojou principados e potestades. E prometeu ao que vencer um novo nome, assim como Ele recebeu um novo nome do Pai.

> *<u>Ao que vencer</u> darei a comer do maná escondido, e dar-lhe-ei uma pedra branca, e na pedra um <u>novo nome escrito</u>, o qual ninguém conhece senão aquele que o recebe.* (Ap 2:17, ARC, grifos nossos)

> *A quem vencer, eu o farei coluna no templo do meu Deus, e dele nunca sairá; e escreverei sobre ele o nome do meu Deus, e o nome da cidade do meu Deus, a nova Jerusalém, que desce do céu, do meu Deus, e também o meu novo nome.* (Ap 3:12, ARC)

Seremos marcados por uma nova história na eternidade. Seremos marcados por Seu nome, o nome de Sua morada, e um novo nome. Que coisa grandiosa! É necessário que você vença como Cristo venceu. Que vença as propostas da Serpente, e adore somente a Deus completamente.

CAPÍTULO 6
O ANTÍDOTO

Sempre que penso em um antídoto, o que vem à minha mente são as serpentes. Apesar de existirem outros animais igualmente letais, a espécie que mais tememos é a cobra, e nos lembramos dela por causa do perigo que o veneno representa para o nosso corpo. A única proteção contra esse mal chama-se antiveneno ou antídoto.

Basicamente, o antídoto é produzido através do próprio veneno, que, injetado no cavalo (animal soroprodutor), produz anticorpos contra aquele veneno. Depois de um processo, é feita a sangria do animal soroprodutor, e do sangue é extraído a imunoglobulina. Resumindo, a cura vem dos anticorpos produzidos no corpo do soroprodutor, ou seja, através do próprio veneno vem a cura.

Como já descrevemos anteriormente, Satanás lançou no coração do homem desejos que se tornaram verdadeiros venenos mortais em sua corrente sanguínea. Deus nos fez para viver, e estabeleceu o Seu padrão de vida ideal. Deixou escolha, a fim de que Adão e Eva não fossem marionetes manipuladas por Sua vontade, o que chamamos de livre-arbítrio. Por outro lado, Satanás também fez sua proposta ao homem, um novo estilo de vida, um caminho aparentemente prazeroso e emancipado, porém letal. Chamamos essa proposta de veneno da Serpente, exatamente porque é letal para aqueles que não são imunizados. Adão e Eva não eram, pois diante da proposta sucumbiram.

Como já sabemos, todos nós fomos contaminados por esse veneno e consequentemente estávamos condenados à morte, pois seria impossível produzirmos em nós mesmos o antídoto, uma vez que estávamos doentes. Não somos capazes de resistir ao veneno de Satanás, não somos capazes de escolher o que é correto. Mesmo que saibamos o certo, ainda assim escolhemos o que é mal. Todavia, Cristo veio nos ensinar como vencer a Satanás, e através de Seu sangue nos garantiu a vitória sobre todas as forças do mal.

O veneno se propaga no sangue, e igualmente no sangue ele é vencido. Jesus foi o nosso soroprodutor, pois o Seu sangue é capaz de imunizar a todos que acreditarem que Ele possui a cura.

Para extrair a imunoglobulina, precisa ser feita a sangria do animal. Dessa mesma forma Jesus derramou o seu sangue, para que todos pudessem receber o antiveneno. Então seu sangue doado foi capaz de garantir a vida para todos que desejam a cura. É através de nossa união com Cristo que recebemos a imunoglobulina necessária para lutar e vencer o veneno. Crer que Jesus possui a cura é essencial, mas é só o começo do processo.

Corpo, alma e espírito

NA CRIAÇÃO DO HOMEM, Deus deu uma natureza tripla a Adão quando: *"Formou o SENHOR Deus o homem do pó da terra, e soprou em suas narinas o fôlego da vida; e o homem foi feito alma vivente"* (Gn 2:7, ARC).

O original da palavra "vida", em "fôlego de vida" é "chay" e está no plural. Isto pode ser uma indicação de que o sopro de Deus produziu uma vida dupla: a vida da alma e a vida do espírito. Assim, portanto, o homem ficou constituído de duas naturezas: a divina e a humana. (SILVA, Severino P., 2004)

O homem material (corpo) foi criado do pó da terra, e o imaterial foi formado do sopro da narina de Deus. Deus soprou o "fôlego de vida" e formou o homem imaterial [espírito e alma] (Zc 12:1). Logo, o homem possui corpo, alma e espírito.

O homem imaterial é formado por alma + espírito. O homem material é formado por corpo + alma. A alma é tanto imaterial quanto material, pois a representação física da alma é o sangue.

Ocasionalmente, alma e espírito são usados como sinônimos nos textos bíblicos. Enquanto alguns textos traduzem "psique" [alma] como a vida (Rm 11:3; 1Co 15:45; 2Co 1:23); em outros textos "psique" indica: emoção, vontade e intelecto (Cl 3:23; 1Ts 5:23). Ainda em outras referências, a palavra "espírito" é usada para indicar o homem imaterial (1Co 5:3;

6:20; 7:34; Tg 2:26). Isso acontece também com alguns órgãos como rins, coração, fígado, entranhas e ventre, usados para descrever a sede de funções características da alma (Sl 73:21; Ap 2:23). Essas analogias são uma forma poética de expressar funções próprias da alma humana. Apesar de muitas vezes funções da alma e do espírito nos confundirem, elas possuem serventias distintas.

E o mesmo Deus de paz vos santifique em tudo; e todo o vosso espírito, e alma, e corpo, sejam plenamente conservados irrepreensíveis para a vinda de nosso SENHOR Jesus Cristo. (1Ts 5:23, ARC)

Esse texto no original grego: "πνευμα σας και η ψυχη και το σωμα" (vosso espírito, e alma e corpo). Em leitura fonética seria: "pnevma sas kai i psychi kai to soma". Pnevma – fôlego ou espírito. Psychi – psique ou alma. Soma – corpo.

Segundo Severino Pedro da Silva, é através do corpo que o homem é um ser social, conhece e experimenta o mundo material. Através da alma, ou seja, pensamentos, emoções, sentimentos e vontade, o homem conhece a si mesmo. Por fim, é através do espírito que o homem tem comunhão com Deus para adorá-Lo.

Analise: sem um corpo não conseguiríamos nos relacionar ou nos comunicar com o mundo material; sem um corpo não conseguiríamos nos comunicar com outras pessoas, ou interagir com o mundo físico.

A alma é a principal fonte de percepção, sensibilidade e prazer, pois sem ela não conseguimos degustar a vida. É através de nossas emoções, sentimentos e vontades que experimentamos o mundo. A alma é nossa fonte de criatividade, origem das nossas vontades e paixões. É na alma que surgem milhares de decisões que tomamos todo os dias. Ir para casa ou passar no mercado? Comer uma maçã ou uma banana? Dar bom dia ao vizinho ou fingir que não o viu? A alma decide, pensa, sente. Alma é sinônimo de vida.

O espírito do homem é a natureza suprema do homem e rege sua personalidade e caráter. Podemos possuir: espírito rebelde (Sl 106:33); espírito impaciente (Pv 14:29); espírito de covardia (2Tm 1:7) etc. O que fez a alma decidir entre dar bom dia ao vizinho ou não foi o espírito, mediante sua personalidade. Essa característica suprema comunica à nossa alma, por conseguinte comunica ao nosso corpo para a ação.

Todas as escolhas que você faz durante o dia, seus projetos, a maneira como trata seus amigos, funcionários ou parentes; todos os seus sonhos, a forma como você reage a situações, seus sentimentos, sua vida social, são fruto de quem você é interiormente. O seu corpo reage instintivamente ao seu espírito e a sua alma, enfim, ao seu homem interior.

Temos uma dificuldade enorme de entender isso, porque estamos muito acostumados a entender o mundo externo, mas o interno parece um grande enigma. Entretanto, tudo o que você é ou pensa ser é fruto deste mundo interno.

Note no texto a ordem de importância: *"e todo o vosso espírito, e alma, e corpo, sejam plenamente conservados irrepreensíveis [...]"*. Começa do espírito para a alma e corpo, e não o contrário. Porque o nosso corpo é controlado pelo nosso homem interior (alma e espírito), e não o contrário.

Darei um exemplo. Uma pessoa carismática [personalidade suprema – espírito] irá decidir cumprimentar seu vizinho [decisão instintiva da alma], e então dará um grande sorriso enquanto cordialmente diz: "Bom dia, vizinho!" [execução automática do corpo]. Uma pessoa carismática, porém, pode estar em um dia ruim, então seu corpo expressará o descontentamento. O seu dia ruim é fruto de um fator externo, que refletiu em sua alma, e entrou em desacordo com seu carisma. Esse é um exemplo simples, apesar de a alma ser um tanto mais complexa. Entretanto, o que quero ressaltar é que o mundo de dentro decide o que nosso corpo faz.

Não reine, portanto, o pecado em vosso corpo mortal, para lhe obedecerdes em suas concupiscências. (Rm 6:12, ARC)

O corpo obedece aos desejos ou concupiscências geradas em nossa alma. Nosso corpo sempre será um templo (1Co 6:19), esse templo sempre abrigará um deus, ou o Senhor Deus ou Satanás.

O mesmo Espírito testifica com o nosso espírito que somos filhos de Deus. (Rm 8:16, ARC)

Toda revelação de Deus passa pelo nosso espírito, de dentro para fora. Quando o Espírito de Deus fala com o espírito do homem, ele logo entende. O espírito daquele que é nascido de novo está pronto para entender a voz do Espírito.

No pecado original o homem foi contaminado em sua tríplice natureza. Seu espírito se desligou do Criador quando Satanás lançou desconfiança, ou seja, quando Eva creu que

Deus não era confiável. Logo, sua alma ficou vulnerável à contaminação dos desejos de Satanás, quando sua proposta atingiu suas vontades e desejos, convencendo-a. E, por fim, seu corpo cumpriu com aquilo que já havia sido decidido no "homem interior", e ela comeu do fruto.

Quando a humanidade pecou, o seu espírito foi desligado, sua alma foi contaminada e o seu corpo foi-se extraviando com o tempo, até que voltasse ao pó. Foi uma morte gradativa, exatamente nesta ordem: espírito, alma e corpo.

Hoje, o homem natural está entregue à própria sorte, pois seu espírito está obscurecido (morto), sua alma doente (contaminada) e seu corpo é templo de toda a espécie de maldade. Entretanto, o homem espiritual tem em seu espírito o Espírito Santo, o próprio Deus habitando em nós. Contudo, a alma precisa sofrer uma descontaminação do veneno, e isso só é possível através do precioso sangue de Jesus.

O sangue

Não é tão simples entender o valor do sangue na Bíblia. Por que o sangue selou a primeira aliança? Por que eram usados sacrifícios de sangue para cobrir pecados? Por que o sangue de Jesus tem poder? Por que era preciso derramar tanto sangue? Por que a condenação para quem ingerisse carne com sangue?

Por certo, existia algo em toda essa simbologia que eu ainda não entendia, pensava comigo. Certo dia, num sonho de Monica, o Senhor a mandou ler o livro de Levíticos. Foi então que um versículo saltou aos seus olhos e sua mente iluminou.

Porque a alma da carne está no sangue, pelo que vo-lo tenho dado sobre o altar, para fazer expiação pela vossa alma, porquanto é o sangue que fará expiação pela alma.
(Lv 17:11, ARC)

Na Bíblia a palavra "sangue" pode significar alma ou vida. Segundo a Bíblia a alma é relevante para a vida. Lembre-se de que o homem, antes do fôlego de vida, era somente um boneco de barro. Então o sangue simboliza a alma, no sentido de vida para o corpo material. Perceba que o sangue carrega a identidade do corpo humano, e quase tudo se determina com um exame de sangue. O sangue representa o fluido de vida, ou seja, a alma.

Havia uma sentença sobre o homem: "[...] *a alma que pecar, esta morrerá*" (Ez 18:4, ARC). Para que o homem não morresse, Deus estabeleceu que alguém morreria em seu lugar. No dia em que Adão e Eva pecaram, um animal morreu para vesti-los. Nos rituais cerimoniais da Lei um animal morria no lugar do pecador, e o seu sangue era a representação daquela vida. Era vida por vida, sangue por sangue. Basicamente, o animal morria para que o homem pecador não precisasse morrer.

Vemos a clara importância do sangue e seu significado nas Escrituras. No Antigo Testamento havia recomendações rigorosas sobre o manuseio e consumo de sangue. Até hoje, judeus submetem a carne a um longo processo de extração do sangue chamado *Kasher* (pronto ou bom para consumo). Essa tradição tem origem nos ensinamentos bíblicos que afirmam a importância do sangue. Esse só deveria ser usado sobre o altar, e para um fim específico: a expiação da alma. Nos rituais do culto religioso judaico o sangue era o único elemento capaz de limpar o pecador, e por isso, o sangue era considerado um elemento sagrado.

O sangue também simboliza alma, no sentido da psique: vontades, sentimentos, paixões e intelecto (Sl 42:1; Jó 7:15; Lm 3:20). E foi na alma que o veneno da Serpente se instalou. Foram sentimentos e desejos malignos que entraram na corrente sanguínea (alma) da humanidade, envenenando o corpo. Ora, se o sangue está contaminado, é pelo sangue que virá a cura. Se o sangue de um homem (Adão) foi a porta de entrada para a morte, pelo sangue de um homem (Jesus) a porta da salvação foi aberta, trazendo cura e vida.

O sangue é a vida do corpo, e também de funções da alma como pensamentos, vontade, emoções ou sentimentos. Entretanto, o sangue também possui valor espiritual de remissão.

Com efeito, quase todas as coisas, segundo a lei, se purificam com sangue; e, sem derramamento de sangue, não há remissão. (Hb 9:22, ARA)

Observe a frase: *"sem derramamento de sangue não há remissão".* Por que Deus escolheria o sangue para simbolizar remissão? Creio que por três motivos: simbólico, didático e qualitativo.

Didático porque Deus indicava que seu Filho viria remir pelo sangue. Todo o Antigo Testamento aponta Cristo. Os utensílios do tabernáculo, os sacrifícios de sangue, as cerimônias, as festas, a Lei e os profetas apontam Cristo. Jesus morreu na Páscoa, exatamente no horário em que os animais eram mortos (entardecer de 14 de Nisã), indicando-nos que

Deus já havia marcado o dia da libertação do homem havia mais de 1500 anos. Hoje, olhando para a história e as Escrituras, podemos perceber que Deus estava nos ensinando sobre Seu Filho desde o princípio.

O sangue tem um valor simbólico, pois, da mesma forma que na Lei um animal morria no lugar do povo, Jesus morreu para que pudéssemos viver. O sangue dos animais fazia simbologia com o sangue de Cristo. A morte de um animal sem defeito e inocente, assim como Cristo era sem defeito, morrendo sem culpa. Entretanto, há mais do que somente um valor pedagógico ou simbólico no sangue, há realmente um valor qualitativo no sangue de Jesus.

Cristo não derramou seu sangue somente porque era um desígnio de Deus, ou simplesmente para ser uma vida em troca de muitas. Nos redimiu porque seu sangue (sentimentos, vontades, desejos, intelecto) confronta os sentimentos e desejos que um dia brotaram no coração de Adão e Eva. É o antídoto.

O sangue de Jesus tem poder, não porque era o sangue do Filho de Deus. Não! O Seu sangue é poderoso porque foi provado e aprovado no Inmetro do Espírito. Ele venceu em Sua carne a proposta da Serpente. Ele foi aprovado naquilo que falhamos. O sangue de Jesus tem poder, porque há um valor qualitativo nesse sangue.

O sangue de Jesus, ou seja, seus sentimentos foram derramados no altar. É poderoso porque contém imunoglobulina, o antídoto de que precisamos. Jesus é o soro antiofídico encarnado! Ele é a Verdade e a Palavra em pele e osso. O sangue de Jesus tem poder! Ele possui a cura, e por isso você pode adorar a Deus.

Deus não aceitaria o sangue do homem, ou seja, matar a humanidade, porque além de nos amar isso seria entregar a vitória à Serpente. Também não aceitaria o homem no pecado, pois isso seria trair Sua própria natureza, ou seja, Deus é santo, logo não pode se associar com algo impuro ou injusto. Então, como um paliativo, animais eram usados para cobrir pecados, até que o tempo oportuno chegasse. Contudo, o homem precisava de cura, e não de analgésicos. Deus queria seus filhos de volta, juntos, amando-O novamente. Para isso, porém, o sangue dos animais não era suficiente.

"Porque é impossível que o sangue dos touros e dos bodes tire os pecados" (Hb 10:4, ARC). Claro! Porque um animal não possui a complexidade da alma humana. Era necessário que um homem revolucionasse o nosso homem interior com seus ensinamentos, e envergonhasse o poder das trevas com a vitória.

Ora, na vossa luta contra o pecado, ainda não tendes resistido até ao sangue. (Hb 12:4, ARA)

É muito interessante que o autor de Hebreus tenha usado exatamente a palavra sangue para descrever a intensidade da nossa luta contra o pecado. Lutar contra o veneno em nosso sangue, lutar contra a natureza maligna, lutar na unção do Espírito, com perseverança, até o fim.

O pecado deve ser combatido pela raiz. A raiz do problema está alojada na alma humana, ou seja, nos sentimentos, emoções, desejos, intelecto. O Espírito trabalhará de dentro para fora, limpando a sujeira, purificando a consciência, mudando a mente e nos levando, cativos, à obediência de Cristo.

Em outras versões diz: *"até a morte"*. Jesus combateu por nós até a morte. Não sejamos preguiçosos na luta contra o pecado. Será que você está disposto a ir até as últimas consequências? Está pronto para encarar essa luta sóbrio e bem armado? Creio que Deus está levantando adoradores dispostos a ir à raiz do problema, mesmo que lhe custe o sangue.

Purificando a consciência

Consciência é uma faculdade da razão que serve para julgar os próprios atos ou o que é certo e errado do ponto de vista moral. (Priberam: dicionário da língua portuguesa)

Segundo Severino da Silva, em *O homem: corpo, alma e espírito*, o homem possui uma consciência que o julga mediante a moral e ética que aprendeu ao longo da vida. A alma e o espírito se unem para se julgarem mesmo mediante a moral, sendo capazes de reflexões acessadas pela memória. A isso chamamos de consciência.

A alma tem a função do saber e do conhecimento, e o espírito tem a função de julgar sua própria personalidade. Em parceria, um acessando a memória e o outro julgando, fazem uma análise crítica das próprias atitudes.

Todo ser humano tem uma consciência que o julga. Essa consciência nos mantém "nos trilhos", porém ela também não é confiável porque segue padrões éticos humanos. A alma do homem é enganosa e lhe prega uma peça. O espírito é obscurecido, por isso não vê além de suas limitações. Enfim, nós podemos enganar nossa consciência.

Enganoso é o coração, mais do que todas as coisas, e perverso; quem o conhecerá? (Jr 17:9, ARC)

Todos nós temos uma consciência, mas cada um de nós recebeu padrões éticos de acordo com nossa cultura, criação e experiências. Por isso, cada um tem um raciocínio a respeito do que acha certo e errado. Por exemplo, um brasileiro recebeu criação, cultura e moral diferentes de um indiano. A consciência dos dois acusará padrões diferentes. Enquanto minha consciência poderá me acusar ou me defender de algo, não será o mesmo com outros povos do mundo, e vice-versa.

Nossa consciência, apesar de útil, é limitada por aquilo que conhecemos, pela forma como enxergamos o mundo e a nós mesmos, por medos, traumas, e tantas outras miragens que nossa alma possa mostrar. Então, o ser humano não está seguro em si mesmo, porque sua consciência se extravia.

Eva tinha padrões éticos e morais vindos do próprio Deus, e por isso ela disse: "[...] *do fruto da árvore que está no meio do jardim, disse Deus: Não comereis dele, nem nele tocareis para que não morrais*" (Gn 3:3, ARC). Sua alma e seu espírito estavam juntos, acessando sua memória e reproduzindo sua fala, porém sua consciência não foi suficiente para fazê-la vencer a tentação. No fim, os três foram contaminados, porque o Espírito de Deus não estava no comando, visto que Eva ainda não era templo do Espírito Santo da maneira que somos hoje.

Nossos padrões éticos e morais não podem vencer o veneno da Serpente, muito pelo contrário, nossa consciência é contaminada (1Co 8:7; Tt 1:15). Facilmente nos armamos de argumentos e justificativas para mascarar nossos pecados. "Eu sonego impostos porque o governo me rouba"; "eu uso sinal pirata porque, afinal, todo mundo faz"; "eu faço isso errado, porque ninguém é de ferro"; "tenho todo o direito de me vingar, porque ninguém está na minha pele para saber" etc. São falas que ouvimos de cristãos que dizem ser embaixadores de Cristo na Terra. Pergunte a eles se são verdadeiros adoradores e a resposta será um sim confiante, porque a consciência deles está suja e a mente cauterizada para ouvir a voz do Espírito.

Tudo é puro para os que são puros; mas nada é puro para os impuros e descrentes, pois a mente e a consciência deles estão sujas. (Tt 1:15, NTLH)

A mente, ou seja, a alma suja nossa consciência. Isso acontece porque a alma humana é sugestionável. Ela quer o que é confortável, logo rejeita o confronto. Aquilo que nos tira da zona de conforto sofrerá resistência na alma humana. Desejamos sempre ter razão, e nosso ego está sempre no pedestal, no centro do universo. Quando a consciência do cristão é má, é sinal de que algo está errado em sua alma.

Quanto mais o sangue de Cristo, que, pelo Espírito eterno, se ofereceu a si mesmo imaculado a Deus, <u>purificará a vossa consciência das obras mortas</u>, para servirdes ao Deus vivo? (Hb 9:14, ARC, grifos nossos)

Aquele que está em Cristo tem sua consciência purificada. O sangue de Jesus é poderoso para esquadrinhar o homem interior e arrancar a má consciência. O sangue de Jesus transforma desejos, paixões, sentimentos da nossa alma. Aquilo que antes era um vício, um forte desejo, uma dificuldade que você não conseguia vencer, o poder do sangue de Cristo, vai tomando conta e vencendo. É sangue limpando sangue.

Só podemos servir a Deus como se deve quando nossa consciência está purificada das más obras. O que isso quer dizer? Que por mais que erremos, sentiremos um alarme na mente apitando: "Erro! Erro! Erro!". E ainda mais importante, seremos conduzidos ao arrependimento, e a não negar a falha.

[...] pois a minha consciência, que é controlada pelo Espírito Santo, também me afirma que não estou mentindo. (Rm 9:1b, NTLH)

O Espírito Santo domina nosso espírito e nos julga. Então o que antes era um julgamento sujo e humano, agora é limpo e divino. É Espírito dominando espírito. Agora podemos servir a Deus sem culpa e com toda a certeza.

Há somente um capaz de purificar a consciência do homem: o sangue de Jesus. Entretanto, a alma humana precisa de um processo de cura e mudança. Essa mudança não é instantânea, mas gradual, e muitas vezes longa e demorada.

Um processo

Como está escrito: <u>Não há um justo, nem um sequer</u>. Não há ninguém que entenda; Não há ninguém que busque a Deus. Todos se extraviaram, e juntamente se fizeram *inúteis. Não há quem faça o bem, não há nem um só. A sua garganta é um sepulcro aberto; Com as suas línguas tratam enganosamente; <u>Peçonha de áspides está debaixo de seus lábios</u>; Cuja boca está cheia de maldição e amargura. Os seus pés são ligeiros para derramar sangue. Em seus caminhos há destruição e miséria; E não conheceram o caminho da paz. Não há temor de Deus diante de seus olhos.* (Rm 3:10-18, ARC, grifos nossos)

TODOS FORAM IGUALMENTE EXTRAVIADOS PELO VENENO da Serpente, não somente suas vítimas. Tornaram suas crias com línguas enganosas cheias de maldição e amargura, pés homicidas caminhando em destruição e miséria, longe do caminho de paz, longe de Deus.

Insistimos em repetir, insistimos em comentar sobre nossas maldades, insistimos em mostrar nossas imperfeições, pois sem essa constatação não há arrependimento, não há fé, não há salvação, não há cura. Somente o Espírito Santo é capaz de convencer o homem de seus pecados.

Todos nós estávamos debaixo do poder do pecado. E a Lei serviu para que ninguém tivesse justificativas, e estivessem todos conscientes de que não podem fazer o que é certo.

[...] Mas foi a lei que me fez saber o que é pecado. Pois eu não saberia o que é a cobiça se a lei não tivesse dito: Não cobice. (Rm 7:7b, NTLH)

Porém, depois de conscientes do pecado, tornamo-nos transgressores da lei de Deus.

> Mas, quando fiquei conhecendo o mandamento, o pecado começou a viver, e eu morri. E o próprio mandamento que me devia trazer a vida me trouxe a morte.
> (Rm 7:9,10, NTLH)

Ora, aquilo que deveria nos trazer vida trouxe condenação ainda pior, então mais do que nunca estávamos condenados. Mas, então, será que a Lei é ruim? O apóstolo Paulo continua explicando:

> Então será que o que é bom me levou à morte? É claro que não! Foi o pecado que fez isso. Pois o pecado, usando o que é bom, me trouxe a morte para que ficasse bem claro aquilo que o pecado realmente é. E assim, por meio do mandamento, o pecado se mostrou mais terrível ainda.
> (Rm 7:13, NTLH)

Esse pecado de que Paulo fala é fruto da nossa natureza contaminada. Nós somos assim, e foi necessário que viesse o tempo da Lei para que estivéssemos conscientes de que, mesmo sabendo e querendo fazer o bem, não conseguimos sozinhos. Mesmo que nosso corpo lute contra o veneno da Serpente, sem o antídoto correto acabamos por piorar a situação.

A religiosidade é o nosso corpo lutando sozinho contra o veneno, causando uma perturbação ainda maior, e no fim o resultado será o mesmo: a morte. Quando achamo-nos capazes de produzir santidade, podemos até mudar certos hábitos, mas nunca seremos limpos em nossa essência.

Condicionamos comportamentos, mas nunca mudamos a condição de escravos do pecado.

Deus esperou o homem por séculos, respeitando suas limitações até que fosse capaz de entender que precisava de um salvador, até que pudesse constatar que não era capaz de vencer sozinho. Quantas vezes o Senhor faz conosco dessa mesma forma, respeitando nossas limitações, fases e maturidade.

Diversas vezes olhamos para trás e nos envergonhamos da nossa ignorância, enquanto Deus nos aguarda pacientemente e nos educa através do Seu Espírito. Até que finalmente cansemos de lutar sozinhos, e passemos a depender do Espírito. A transformação, o reconhecimento dos erros, se dá em um processo, porque somos limitados.

Ele tratou com o povo de Israel como se trata um filho rebelde, com muita disciplina e paciência. Deu-lhes a Lei, para que aprendessem que, mesmo sabendo o correto, a natureza contaminada impediria. Este foi o propósito da Lei, mostrar ao homem que ele precisa de Deus. Pela Lei sabemos que somos dependentes.

Quantas vezes Deus nos põe em situações para aprendermos a depender Dele. Precisamos passar por lugares escuros e becos sem saída, onde a única esperança venha de cima. Esse processo geralmente é longo, é difícil, mas é dessa maneira que entendemos profundamente o seu amor e cuidado. É assim que nos tornamos verdadeiros adoradores.

Para que você seja um adorador, é necessário que entre em um processo de cura e transformação. Deus vai provar seus sentimentos, intenções e motivações. Ele vai trazer à tona feridas das quais você não se lembrava. Vai intensificar situações antigas.

Mostrar pecados velhos e ocultos. Ele vai revirar as gavetas da sua alma. Muita sujeira vai aparecer. Será doloroso, e longo, porém não desanime, ele é fiel para completar a boa obra.

E por mais que pareça que Deus está sendo duro, creia, isto é fruto do Seu amor. Só crescemos assim, só aprendemos sob pressão, só nos movemos quando há luta. É uma triste realidade, mas a luta nos faz melhores. A crise nos faz gratos e misericordiosos. A dor é o principal instrumento de mudança.

De tempos em tempos, Ele irá reformar seus conceitos, abater seu orgulho, levá-lo à Peniel. De tempos em tempos, Deus te lembrará do seu novo nome. E, para atingir níveis espirituais, situações desafiadoras surgirão.

Tudo é através de um processo, mas o que Deus pretendeu desde a fundação do mundo foi tornar você a imagem de Seu Filho (Rm 8:29). Para que isso aconteça você precisa entender a dimensão deste propósito e alcançar o nível espiritual ao qual Cristo nos elevou.

> *Estando nós ainda mortos em nossas ofensas, nos vivificou juntamente com Cristo (pela graça sois salvos), e nos ressuscitou juntamente com ele e <u>nos fez assentar nos lugares celestiais, em Cristo Jesus</u>; para mostrar nos séculos vindouros as abundantes riquezas da sua graça pela sua benignidade para conosco em Cristo Jesus. (Ef 2:5-7, ARC, grifos nossos)*

Você foi posto em um lugar espiritual elevado, acessível a todos que crerem e entenderem o propósito da sua vocação, que perceberem e amarem mais Cristo do que sua própria vida. Contudo, esse lugar elevado é escalado com maturidade espiritual. Uma criança, mesmo que herdeira de grande riqueza, não pode tomar conta dos bens até que tenha maturidade (Gl 4:1). E é por isso que Deus quer desmamá-lo.

Sair do leite, dos rudimentos da fé, entrar em dimensões superiores. Não se cavalgam níveis de adoração participando de grandes moveres pentecostais, muito menos em conferências sobre o assunto, ou lendo este livro. Adoração é mudança de caráter, busca diária e obediência. Uma caminhada de oração, comunhão, experiências, lágrimas. Entretanto, Deus lhe surpreenderá; é uma vida de realizações, crescimento, esperança, paz e alegria.

Uma criança, quando começa seu período de educação escolar, começa do menor grau, e conforme os anos vão passando seu conhecimento vai evoluindo até chegar ao último grau.

A adoração também é um processo, e Deus revelou lentamente ao homem. O último nível só se tornou possível em Cristo.

Era impossível adorar a Deus como é possível hoje. Por isso, não queira voltar ao Jardim no Éden. O que você tem em Cristo é muito maior, muito melhor do que Adão e Eva tinham no Éden. Você pode conhecer as profundezas de Deus. Aleluia!

Deus tem um jardim para Seus adoradores. Riquezas espirituais lhe aguardam nesse processo de amadurecimento. Nem Abraão, Jacó, Moisés, Elias, Isaías, ou qualquer outro profeta teve acesso ao nível de intimidade que você tem hoje.

Os profetas, os grandes homens da Bíblia, não puderam ver aquilo que Deus havia reservado para nós. Deus guardou segredo sobre aquilo que ele planejava fazer. Em Cristo nos foi revelada a trindade e foi aberto um nível maior de conhecimento a respeito de Deus (Jo 16:7,13,14).

> *O mistério que esteve oculto desde todos os séculos, e em todas as gerações, e que agora foi manifesto aos seus santos.* (Cl 1:26, ARC)

Somente com o operar do Espírito se torna possível adorar. É a esse nível espiritual que Deus quer elevar a Sua igreja. Nos nossos dias é de extrema significância que a igreja esteja ciente dessa luta. Precisamos de sobriedade, ou não resistiremos. A luta que precisamos vencer é contra os sentimentos malignos em nós, e isso exige um armamento pesado, algo que confronte à altura. Essa arma que destrói Satanás é a adoração.

O mesmo sentimento

> *De sorte que haja em vós o mesmo <u>sentimento</u> que houve também em Cristo Jesus, que, sendo em forma de Deus, <u>não teve por usurpação</u> ser igual a Deus, mas esvaziou-se a si mesmo, tomando a forma de servo, fazendo-se semelhante aos homens; e, achado na forma de homem, <u>humilhou-se a si mesmo</u>, sendo obediente até à morte, e morte de cruz.*
> (Fp 2:5-8, ARC, grifos nossos)

NÃO PARECE ESTRANHO QUE JESUS, sendo Deus, não tentasse ser igual a Deus? Essa frase sempre me soou como enigma. É como se eu, sabendo que sou humana, tentasse não ser humana e negasse minha própria natureza. Por que Jesus faria isso? Por que negaria sua divindade, mesmo que por um período de tempo? Por que tamanho sacrifício?

Ora, Jesus tinha consciência de sua identidade espiritual. Ele tem todo o direito de ser quem é, pois é Deus, mas abriu mão do Seu direito para fazer justiça.

Certa vez, ouvi um pregador dizer que a justiça de Deus é diferente da justiça humana. Nós entendemos justiça como garantia de direitos. Logo, é feita justiça quando meus direitos são preservados, e há injustiça quando meus direitos são violados. Porém, a justiça de Deus é equidade.

Mas, do Filho, diz: Ó Deus, o teu trono subsiste pelos séculos dos séculos; Cetro de equidade é o cetro do teu reino. (Hb 1:8, ARC)

Segundo o dicionário Aurélio, equidade é igualdade; justiça reta; reconhecimento dos direitos de cada um. O homem équo se contenta com um ganho razoável, em prol de não lesar ou se valer da necessidade do outro. O homem équo não se aproveitará da necessidade de alguém para ganhar mais. Ele procurará pagar pelo preço justo, ou até abaixo, para garantir o direito do outro.

O antônimo de equidade é iniquidade. O homem iníquo é exatamente o oposto, ele usará de todos os meios possíveis para ganhar mais. O iníquo é aquele que faz valer o seu direito, mesmo que lese o direito do outro. Esse é o ponto falho da justiça humana. Todos se acham no direito, e por isso sentem-se lesados de alguma maneira, e consequentemente exigem que sejam garantidos os seus direitos.

O que a Bíblia nos propõe como forma de vida é a equidade. No texto a seguir e em alguns versículos anteriores, o apóstolo Paulo falava exatamente sobre humildade.

Nada façais por contenda ou por vanglória, mas por humildade; cada um considere os outros superiores a si mesmo. Não atente cada um para o que é propriamente seu, mas cada qual também para o que é dos outros.
(Fp 2:3,4, ARC)

Equidade é um ato de humildade. Abrir mão dos seus direitos para que o próximo tenha direito é próprio de alguém que está disposto a abrir mão de seu ego. Darei um exemplo: Quando alguém lhe aborrece, você tem todo o direito de se magoar, porém, se você é équo, abrirá mão do seu direito e concederá o perdão, sem que isso te faça se sentir lesado.

Porque vos digo que, se a vossa justiça não exceder a dos escribas e fariseus, de modo nenhum entrareis no reino dos céus. (Mt 5:20, ARC)

Os fariseus e escribas cumpriam a Lei, e se achavam superiores aos demais. Eles se baseavam na própria justiça. Queriam receber honras, mas não praticavam a misericórdia, e negligenciavam o cuidado das viúvas e órfãos. Jesus nos exorta a não praticarmos uma justiça egoísta, mas a justiça do Reino dos Céus.

Jesus agiu com equidade. Mesmo sendo Deus, tendo direito de agir como tal, abriu mão do Seu direito, se humilhou, e morreu numa cruz, para que você e eu tivéssemos direito à vida eterna. Uma vez que a vida eterna nos foi tirada pela Serpente – pois no Éden o homem viveria eternamente – e por um único homem a morte entrou, Cristo em equidade nos devolveu o direito à vida.

Isso é adoração! E o que recebemos de graça, de graça retribuímos. Abrimos mão de nossos direitos para que o próximo conheça a equidade de Deus. Uma vez que recebi de graça toda a bondade, benevolência, misericórdia, amor, perdão de Deus, dou gratuitamente a todos.

Temos uma imensa dificuldade de entender esse princípio, porque para o homem natural a justiça de Deus é injusta. Analise conosco: para a justiça humana Jesus foi injustiçado, porque ele era inocente, e morreu sem direito a defesa. *Ora, que grande injustiça que Jesus tenha pagado com a vida para dar a vida por muitos,* pensa o homem natural. Você daria sua vida por pessoas que não merecem? Confesso que eu teria dificuldade. Contudo, Jesus não foi injustiçado, mas justiçado, pois Seu ato foi da mais sublime justiça, baseado na reta justiça de Deus. Por causa da Sua justiça nós fomos justificados, ou seja, feitos justos.

E a Jesus, o Mediador da nova aliança, e ao sangue da aspersão que fala coisas superiores ao que fala o próprio Abel. (Hb 12:24, ARA)

O que falava o sangue de Abel? O sangue de Abel falava de vingança, porque a morte de Abel foi injusta e o derramamento de seu sangue exigia uma punição. Por isso Deus, ao exortar Caim, diz: "[...] *A voz do sangue do teu irmão clama a mim desde a terra*" (Gn 4:10). Mas Jesus não foi injustiçado, ele foi justiçado, porque o Seu sangue foi voluntário, foi com sentimento de doação. Então o sangue de Jesus fala de coisas superiores, fala de perdão, fala de equidade.

Na balança de Deus, a equidade é abrir mão do direito próprio resultando em exaltação e direito elevado, enquanto a iniquidade é pesada na balança de Deus, resultando em queda e opróbio.

O maior dentre vós será vosso servo. E o que a si mesmo se exaltar será humilhado; e o que a si mesmo se humilhar será exaltado. (Mt 23:11,12, ARC)

Jesus se humilhou e foi exaltado com um nome acima de todo nome. Satanás se ensoberbeceu e foi humilhado à posição mais baixa. E o desejo de ser como um deus entrou no coração de Adão e Eva e, em consequência, eles caíram da posição original.

Como você sente em relação a si mesmo? Você se vê como alguém acima de todos? Alguém que merece destaque? Quase nunca está errado, ou quando erra é por culpa de terceiros? Você tem uma visão exagerada a seu respeito? Cuidado! É exatamente assim que Satanás pensa. Ele olhou para si e viu que era belo. Essa é a personalidade maligna que Satanás estimula em seus filhos.

Ele irá estimular a promoção própria, o amor exagerado às vontades carnais, o vício pelo prazer, a vitória conquistada com esforço próprio, o sentimento de autossuficiência, autoafirmação, valorização do ego etc. Sentimentos contrários à natureza de Deus. Sentimentos muitas vezes camuflados, mas que são estimulados em nossas igrejas.

Sem a ação do Espírito Santo o homem interior dominará as atitudes (carne), dando glórias a Satanás. Trocando em miúdos, um cristão por mais que seja assíduo aos cultos, ore, leia a Bíblia, vista-se de forma "santa", pregue o Evangelho, visite presídios, asilos, hospitais, entregue regularmente seus dízimos e ofertas, participe ativamente dos trabalhos da igreja, enfim, cumpra com todos os protocolos; se em seus sentimentos permitir mágoa, vingança, ódio, cobiça, ou qualquer fruto da carne, estará adorando a Satanás. Então, em seus sentimentos e atitudes, a quem você tem adorado? Por isso, mantenha-se sóbrio, desperte-se e perceba quem você é no mundo espiritual.

Em forma de homem, Jesus confrontou os sentimentos de Adão e venceu. O único que podia ser Deus, não quis. Abdicou de Seu direito para ser um homem, e ocupou o lugar mais rebaixado, o de maldito (Gl 3:13). Ele estava nos ensinando a ter os sentimentos corretos. Ele estava nos ensinando a vencer o mal. Ele nos deu o maior exemplo de humildade. Ele venceu em Sua própria carne o veneno, produzindo a cura (Cl 1:22).

Essa lei espiritual funciona até hoje. À medida que você se humilhar, Deus o exaltará, e vice-versa. E por mais que pareça que por um tempo a injustiça prevalece, Deus não se deixa escarnecer. Uma hora seu julgamento justo trará a sentença de juízo (Gl 6:7).

Quando Jesus lavava os pés dos discípulos, muitas lições foram dadas. Cristo estava nos ensinando a honrar o próximo, estava nos ensinando que somos todos iguais, como um líder deve proceder, e inúmeras lições foram dadas. Contudo, o que mais me chamou a atenção foi: *"Disse-lhe Pedro: Nunca me lavarás os pés. Respondeu-lhe Jesus: Se eu te não lavar, não tens parte comigo"* (Jo 13:8, ARC).

Pedro carnalmente não podia entender por que o Mestre estava se rebaixando. Era humilhante que o seu Rabi tomasse tal atitude. Na cultura judaica aquele era um serviço humilhante, realizado somente por escravos não judeus. Pedro pensava como um homem natural, cheio de preconceitos, e regras sociais que lhe impediam de ver a tamanha lição de humildade que estava sendo pregada.

Imagine o Mestre curvado, tocando os pés de homens sujos por fora, e também por dentro. Calado, cabeça abaixada, concentrado em seu trabalho. Seus olhos satisfeitos, cheios de carinho e compaixão. O grande e poderoso criador do universo sujeitando-se a tal atitude. Que grande antagonismo, o Rei trabalhando como um servo. Pedro constrangeu-se! Exatamente como nos sentimos, completamente desconcertados perante Seu grande amor.

Temos o péssimo hábito de confundir humildade com humilhação. Achamos que ser humilde é humilhante. No mundo de hoje, ser humilde é estupidez, logo ninguém quer ser humilde. É gente tragando gente, e quem não se defende é presa fácil. Para eles, o mundo é dos espertos, astutos e sagazes. Para Deus, porém, ser humilde é ser parecido com Seu Filho.

Jesus humilhou-se consideravelmente, enquanto nós, frágeis bonecos de barro, tão arrogantes, cheios de justiça própria e egoístas, nos sentimos especiais demais para servir.

Ficamos tão ofendidos diante de uma calúnia, sem perceber que frequentemente caluniamos. Nossa língua fere, porém nos sentimos ultrajados quando feridos. Indignamo-nos com as injustiças, mas lesamos o próximo. Sentimentos totalmente contrários àqueles ensinados pelo Rabi Jesus.

São exatamente nos nossos sentimentos, emoções e desejos que travamos as mais ferrenhas batalhas. É nesse campo de batalha que nos sentimos debilitados a vencer o mal. Aquele pecado que nos encarcera, aquela situação que machuca, aquele mal que nos rodeia, o medo, a ansiedade, os desejos carnais. É na alma que enfrentamos os gigantes, e sentimo-nos impotentes diante dos desafios. Sentimo-nos sem controle sobre nossas emoções, sentimentos e desejos. No entanto, foi para a liberdade que Cristo nos libertou (Gl 5:1). A palavra Dele não mente. Creia nisso! Permita que Deus te confronte, regenere a sua alma. Seja livre dos ardis da Serpente!

Liberdade da arrogância, que nos prende a situações mal resolvidas, conflitos familiares intermináveis, falta de perdão. A arrogância nos faz sentir superiores, sem culpa e vítimas, e não permite arrependimento, contrição, humilhação, reconhecimento dos erros; enfim, mudança. É perigoso! A salvação é fruto de fé e arrependimento, logo a arrogância será um empecilho. A arrogância e a soberba nos deixam cárceres de picuinhas, encarcera a alma em círculos viciosos. Mas foi para a liberdade que Cristo nos libertou.

Liberdade da incredulidade. Liberdade do medo. Liberdade da ansiedade. Liberdade da hipocrisia. Liberdade da religiosidade. Liberdade da passividade. Liberdade da agressividade.

Liberdade dos vícios e maus hábitos. Liberdade do pecado. Liberdade para a alma de todas as fortalezas.

Os seus sentimentos são anteriores às suas ações. O que acontece na sua alma comprova sua verdadeira natureza.

Mas, se tendes amarga inveja, e sentimento faccioso em vosso coração, não vos glorieis, nem mintais contra a verdade. [...] Porque onde há inveja e espírito faccioso aí há perturbação e toda a obra perversa. (Tg 3:14-16, ARC)

Você é invejoso, falso, vingativo, soberbo, opositor, demasiadamente crítico etc.? Não se engane, seus sentimentos são adoração à Serpente. Tudo o que você faz motivado por esses sentimentos é recebido pelo reino das trevas como obras da carne (Gl 5:21).

Seu sentimento é fundamental para compreender a quem você adora. As bem-aventuranças falam de sentimentos. O fruto do Espírito fala de sentimentos, e os da carne também (Gl 5; Ef 5:9).

Como nossa alma pode ser purificada?

Tendo purificado a vossa alma, pela vossa obediência à verdade [...]. (1Pe 1:22a, ARC)

Obedecer é a chave da cura. Obediência à verdade exige mudança da mente e disciplina. Primeiro precisamos conhecer a verdade, e depois obedecê-la. Por isso, uma mudança de mente é imprescindível.

E não sede conformados com este mundo, mas sede transformados pela renovação do vosso entendimento, para que experimenteis qual seja a boa, agradável, e perfeita vontade de Deus. (Rm 12:2, ARA)

Sempre que falamos ou pregamos sobre uma vida de adoração e controlada pelo Espírito, muitas pessoas resistem. Acham impossível viver como Deus quer, não creem que exista mudança. É necessário, primeiramente, uma mudança radical na mente, para que haja transformação real, então a experiência será uma consequência.

A obediência em amor não pode andar separada de um convencimento, de uma metamorfose interior. Caso contrário, a obediência será superficial e coercitiva. As atitudes e o exterior sofrerão alguma mudança, mas o interior continuará doente. Assim é que o condicionamento religioso propõe uma atitude religiosa, mas é incapaz de transformar a alma do homem.

Muitos cristãos creem, participam das reuniões, leem a Bíblia, oram, jejuam, porém sua alma está no controle de sua vida. Não escutam a voz do Espírito, são levados por tribulações da vida, desânimo, calúnias, escândalos etc. Quando o Espírito de Deus está no controle do homem interior, a alma irá descansar.

Nossa alma foi criada para experimentar os feitos das mãos de Deus e se alegrar (Sl 71:23; 35:9), ansiar pela Sua presença (Sl 130:6; Sl 42:1-2), derramar-se diante de Deus (1Sm 1:15; 1Cr 22:19). Angustiar-se sim, mas pela causa do necessitado (Jó 30:25). Louvar a Deus pela Sua bondade (Sl 16:2), confiar Nele (Sl 33:20) e descansar na Sua soberania (Sl 62:1). Nossa alma precisa estar faminta por Deus e só ser saciada por Ele (Sl 107:9).

Ela não é senhora de si mesma, mas deve servir à natureza espiritual que mora em você. Ela deve obedecer à voz do Espírito.

Enquanto trabalhamos e lutamos com nossa alma, corremos atrás de nossos negócios visando a nossa capacidade empreendedora, adoecemos nossa alma com preocupações, ansiedades, medos etc. Enquanto tentamos resolver nossos relacionamentos com nossa capacidade de superação, sobrecarregamos nossa alma com uma luta que não pertence a ela.

O sentimento sadio é vida para o corpo, mas a inveja é podridão para os ossos. (Pv 14:30, AC)

Os sentimentos saudáveis refletem numa alma saudável e proporcionam vida para o corpo. Os sentimentos malignos adoecem a alma e as partes mais profundas do corpo, os ossos.

Experimente colocar tudo no controle de Deus, e vá trabalhar, mas confiando que seu sustento vem das mãos do Todo-Poderoso. Coloque seus relacionamentos com todas as suas frustrações, lembranças, traumas, ressentimentos, no altar de Deus. Pode ser que nada mude, e provavelmente ninguém perceba sua diferença, mas sua motivação – o motivo da sua ação – será o oposto. Lá dentro, sua alma será colocada em seu devido lugar, haverá descanso e o Espírito de Deus assumirá o controle. O seu testemunho será de uma pessoa em paz, feliz, satisfeita, agradecida, e Deus será engrandecido.

Vinde a mim, todos os que estais cansados e oprimidos, e eu vos aliviarei. Tomai sobre vós o meu jugo, e aprendei de mim, que sou manso e humilde de coração; e encontrareis descanso para as vossas almas. (Mt 11:28, 29, ARC)

Jugo significa, figurativamente, dominação, sujeição, obediência. O Senhor oferece à alma oprimida alívio, porém Ele não tira a carga para sermos "donos do próprio nariz". O jugo anterior é trocado pelo jugo Dele. No momento que estamos debaixo do Seu domínio, estamos aptos a aprender Seus princípios e a receber o descanso para a alma.

Talvez você possa estar pensando: "O que isso tem a ver com adoração?". Eu digo: tudo! Quando sua alma serve a si mesma, ela está seguindo a proposta da Serpente, e consequentemente adorando a Satanás. Porém, se o Espírito de Deus estiver no comando de seus sentimentos, sua motivação mudará e sua ação será adoração ao Deus vivo.

Deus provê tudo aos seus adoradores, porque confiam na força do braço do Senhor. Experimente uma vida no Espírito! Ele te fará repousar em pastos verdes, e trará descanso e refrigério à sua alma tão cansada (Sl 23). Somente busque ao Senhor, discipline sua alma, e um novo e incrível mundo se abrirá para você. Não será fácil! Sua alma esteve no controle por tanto tempo, e agora será difícil que ela se acalme. Por isso ore, peça a Deus que essa vida de obediência à verdade seja real, e não uma ficção.

Não estejais inquietos por coisa alguma; antes as vossas petições sejam em tudo conhecidas diante de Deus pela oração e súplica, com ação de graças. E a paz de Deus, que excede todo o entendimento, <u>guardará os vossos corações e os vossos sentimentos em Cristo Jesus</u>. (Fp 4:6-7, ARC, grifos nossos)

CAPÍTULO 7 UMA VIDA DE ADORAÇÃO

Agora é a hora! É hora de você, leitor, decidir quem é o dono da sua adoração. Neste capítulo você aprenderá o que precisa fazer para ser um verdadeiro adorador.

Não se engane! Seu corpo é um templo. Nele algum deus está sendo adorado. Se você faz a vontade da sua natureza humana, quem receberá adoração é Satanás. Se você faz a vontade da sua alma, a adoração também será dada à Serpente. No entanto, se você faz a vontade de Deus, então sua adoração será Dele.

Peça que o Espírito Santo lhe mostre quem está sendo adorado no seu templo. Peça que Ele mostre quem é o dono da sua adoração.

Deus procura adoradores

Mas a hora vem, e agora é, em que os verdadeiros adoradores adorarão o Pai em espírito e em verdade; porque o Pai procura a tais que assim o adorem. (Jo 4:23, ARC)

Nesta passagem, Jesus estava se deslocando para a Galileia e passava por Samaria. Sentindo-se cansado, parou e se assentou junto ao poço de Jacó. Uma mulher samaritana se aproximou e Jesus lhe pediu água.

Os samaritanos provinham de uma mistura racial das tribos do reino do norte com povos babilônicos (além dos povos de Cuta, de Ava, de Hamate e de Sefarvaim), que repovoaram o país após a deportação dos assírios 700 anos a.C. (2Rs 17:6, 24, 26, 29; Ed 5:1-10). Porém, apesar de compartilharem a mesma origem, havia uma forte discriminação entre eles.

Judeus e samaritanos eram separados por diversas diferenças. Os judeus não aceitavam o casamento misto, enquanto os samaritanos eram fruto da miscigenação. Os samaritanos eram filhos das tribos do reino do norte; já os judeus, do reino do sul. Os samaritanos criam somente no *Torá*, praticavam o sábado e a circuncisão; os judeus criam nos rolos dos profetas, e demais rolos do Antigo Testamento. Os samaritanos criam que o Monte Gerizim era o lugar onde Abraão foi oferecer Isaque (Gn 22), bem como o lugar onde Jacó teve a visão (Gn 31:13), no qual enterraram os ossos de José (Js 24:32) e, o mais importante, o monte em que deveriam pronunciar as bênçãos (Dt 11:29). Um templo havia sido construído nesse monte, mas fora destruído em 128 a.C. E as diferenças não param por aí. Esses dois povos esperavam o Messias, mas os samaritanos acreditavam que o Messias viria como um samaritano. Esse Messias faria de Samaria, e não de Jerusalém, sua sede governamental, e converteria todas as nações ao "samaritanismo". Não preciso dizer que os judeus discordavam massivamente, tornando isso motivo de tensão entre eles.

Os samaritanos representavam uma ofensa tão grande que eles nem queriam pôr os pés na Samaria. Embora a rota mais curta atravessasse essa província, os judeus nunca usavam esse caminho. Eles tinham a própria trilha, que ia ao norte da Judeia, a leste do Jordão, entrando na Galileia. Jesus bem poderia ter seguido por essa rota, muito usada, que unia a Judeia à Galileia. (MACARTHUR, John F., 1991)

Jesus se desviou da rota normalmente usada para esperar por um encontro importante.

Encontrou-se com a mulher samaritana em Siquem ou Sicar, lugar entre os dois montes, Gerizim e Ebal, os quais simbolizavam a escolha do povo judeu entre a bênção e a maldição (Dt 11:29). Naquela ocasião, estar entre os dois montes enquanto conversava com a samaritana simbolizava uma escolha entre a bênção e a maldição, entre crer em Cristo ou não.

Jesus quebrou imensos paradigmas tomando a iniciativa da conversa. Era óbvio um estranhamento inicial, e notamos que a mulher mostra receio na conversa. *"[...] Como, sendo tu judeu, me pedes de beber a mim, que sou mulher samaritana (porque os judeus não se comunicam com os samaritanos)?"* (vs. 9). Que ousadia seria um judeu pedir água a uma samaritana? Que estranho desavisado faria isso?

Jesus, sem se importar com todas as diferenças de costume, política e religião, lhe oferece vida eterna. Que maravilhoso encontro! Que privilégio aquela mulher estava tendo! Sem entender bem de que água aquele estranho falava, imaginava de onde ele tiraria uma água tão preciosa.

És tu maior do que Jacó, o nosso pai, que nos deu o poço, bebendo ele próprio dele, e os seus filhos, e o seu gado? (vs. 12)

Era uma afronta para ela que aquele sujeito menosprezasse a água do poço de Jacó, alegando ter uma fonte melhor. Sua interpretação dos fatos é estritamente carnal. Não via nada além de suas tradições, cultura e preconceitos. Não percebia que estava diante do Criador, o Messias.

Jesus continua desafiando todas as regras, e novamente explica sobre Sua misteriosa fonte. Sua fala é tão incomum que aguça sua curiosidade, e ela, surpresa, lhe pede: *"[...] SENHOR, dá-me dessa água, para que não mais tenha sede e não venha aqui tirá-la"* (vs. 15).

A água é o fluido universal, a fonte da vida humana. Jesus usa um elemento que bem conhecemos e do qual dependemos para viver, para deixar claro que sem Ele não há vida. Ele é a água que purifica, que mata a sede da alma. Ele é a Vida, a fonte da nutrição do homem interior. Aquela água não somente mataria a sede de quem a bebesse, mas torna-se ali um manancial que mata a sede de muitos.

Você pode beber de Cristo e ser curado na sua alma, liberto das propostas que a Serpente insiste em fazer. E, ainda melhor, você também será um canal de cura e vida para muitos.

Ela aceitou aquela água, mesmo sem entender do que se tratava. Então Jesus lhe revela o mistério, e confronta seu pecado. Ela tinha cinco maridos, e o atual não era dela.

Para os padrões daquela época, uma mulher que passara por cinco maridos, e que se encontrava em um matrimônio ilícito, provavelmente era desprezada pelo seu povo, ou considerada uma prostituta. Sabemos que ela estava no poço em um horário impróprio, por certo as outras mulheres da região a desprezavam, e quem sabe não era também humilhada.

A água, símbolo de purificação,[7] traria cura, mas primeiramente purificação. Jesus, com Sua atitude, já estava curando sua alma da rejeição, e lhe oferecendo uma preciosidade, o caminho da adoração. Entretanto, para que ela pudesse adorar, era necessário ser limpa.

É imprescindível para um adorador ser purificado. Ter um encontro com Cristo e beber da Sua água é uma parada obrigatória. A mulher estava ali naquele poço, naquele horário, todos os dias; esse era um hábito. Entretanto, um dia o Mestre mudou a sua rotina. Ser confrontado e abandonar os hábitos do passado fazem parte do processo de limpeza. Quando o Senhor confronta nosso caráter, muita coisa será mudada, hábitos mexidos, pensamentos transformados, e tudo será tirado do lugar.

Enfim, ela entende que aquele homem era diferente, no mínimo um profeta. Como saberia tanto assim de sua vida? Percebe-se em seu comportamento que começava a dar algum crédito ao estranho.

Uma coisa me chama muito a atenção nesse texto: essa foi a única vez, antes da crucificação, que Jesus declarou ser o Messias abertamente.

---

7 No Antigo Testamento, alguns rituais de purificação consistiam em se banhar com água limpa (Nm 8:21; 19:19; 33:23; Ez 36:25).

Incrível! Por que Ele revelaria Sua identidade exatamente a uma samaritana? Que tamanha fé encontrou naquele coração para ter lhe oferecido vida eterna?

Além de ter um comportamento totalmente desprovido de preconceitos, Jesus a convida para ser uma adoradora. Perceba a grandeza dos fatos. Um judeu tinha acabado de dizer que era o Messias a uma samaritana, e logo depois derrubou o maior de todos os paradigmas, o lugar da adoração.

> *Disse-lhe a mulher: SENHOR, vejo que és profeta. Nossos pais adoraram neste monte, e vós dizeis que é em Jerusalém o lugar onde se deve adorar.* (vs. 19-20)

O lugar da adoração era o principal ponto de desavença. Os judeus acreditavam que em Jerusalém se devia adorar, mas os samaritanos insistiam em dizer que Gerizim era um lugar sagrado. Aproveitando que ali em sua frente estava um profeta que acabara de revelar sua vida, a mulher pergunta: "Quem está certo? Onde devemos adorar?".

Adoração tinha local e data marcados. Era feito sobre rigorosa diretriz. Se alguém perguntasse onde adorar, a resposta seria: no templo. Caso perguntasse como adorar, a resposta seria: ofereça a Deus um novilho, trigo, pães etc. Jesus reforma completamente o pensamento, apresentando uma maneira mais refinada de adoração. Uma nova era da adoração surgia.

> *Disse-lhe Jesus: Mulher, crê-me que a hora vem em que nem neste monte nem em Jerusalém adorareis o Pai.* (vs. 21)

A resposta de Jesus foi: nem os judeus nem os samaritanos conhecem a adoração verdadeira. Apesar de a salvação vir dos judeus, tudo estava prestes a mudar.

A adoração não seguiria os mesmos padrões. Não precisaria ir ao templo, ou subir o monte, derramar sangue ou queimar incenso. A comunicação com Deus não seria mediada por sacerdotes ou profetas. Agora, a adoração obedeceria a novas leis: em espírito e em verdade.

Que grandiosa revelação! Aquela mulher poderia ser adoradora, mesmo sendo tão pecadora e rejeitada, mesmo sendo uma mulher samaritana. Não havia mais fronteiras, muro de separação, privilégios raciais. Somos o povo santo, escolhido, resgatado, capacitado para adorar.

"Mas vem a hora, e já chegou!" Que grande alegria! Por quanto tempo o Pai esperava pelo momento em que o homem pudesse adorá-Lo verdadeiramente! Uma adoração refinada, aprovada, aperfeiçoada. Ele ansiava por esse momento. Deus procura por adoradores verdadeiros. Em toda a Escritura a única vez que vemos Deus procurando algo está nessa passagem.

Sempre que leio esse texto, imagino Deus com uma grande lupa olhando em todo o planeta um pontinho escondido em um lugar reservado, um coração que lhe agrada[8]. Um adorador que atenda a Seus requisitos. É claro que Deus sabe onde nos achar, e não precisa de lente de aumento. Ele mesmo preparou um caminho maravilhoso para que seus adoradores passassem.

---

8 Essa é somente minha imaginação fantasiosa.

Existem diversas passagens que mostram Deus se atentando para a aflição de Seu povo (Êx 3:7), para o coração humilhado (Sl 138:6), inclinando-se para a oração do justo (Sl 86:1) e se levantando pelo gemido do necessitado (Sl 12:5), mas não há um texto tão singular como esse. Muitas coisas chamam a atenção de Deus, como descrevi anteriormente, mas um adorador é ansiado pelo coração de Deus. O verbo demonstra total iniciativa de Deus na busca.

Analise comigo. O Pai não se inquietou em procurar homens bons, nem honrados ou justos. Ele não se preocupou em procurar por missionários para expandir o Evangelho, apesar de chamar-nos para ir pelo mundo. Com exceção desse texto, não há nas Escrituras uma passagem em que Deus tenha procurado por alguém com características tão específicas. Isso é um sinal de que adoração é uma prioridade. Antes de pregar o Evangelho, antes de exercer seu ministério, antes de qualquer coisa, a prioridade do cristão é ser um adorador; todo o resto será consequência. Sua vida deve estar encaixada nos padrões rigorosos da adoração ou tudo o que fizer será em vão. Adoração deve ser o motivo da sua ação.

Por que Deus procura adoradores? Devemos entender que não se trata de uma divindade procurando oferendas, ou de um empregador procurando um profissional capacitado, ou ainda de um indivíduo procurando um objeto de valor perdido. Não é uma lei de oferta e procura, causa e efeito, necessidade e suficiência. Não! É o Pai à procura de Seus filhos. O objetivo de todo o "Projeto Cristo" era que o Pai tivesse Seus filhos de volta. Tudo o que Deus fez foi pensando em trazer de volta para Si aqueles que são Seus filhos. É por esse motivo que Deus te procura, adorador. É uma relação ligada pelo amor, não há troca, é só amor incondicional ligando o Pai a Seus filhos. Se houver outra razão em seu relacionamento com Deus, não é uma adoração verdadeira. Haverá recompensa aos adoradores? É claro! É o que um filho entende como herança.

A natureza de um adorador

Deus não está com as mãos escondidas ou ouvidos tampados, porém seus olhos procuram por adoradores que atendam aos Seus requisitos. Não procura por adoradores somente, mas por adoradores verdadeiros e espiritualmente capazes.

A adoração deve ser em espírito. É impossível se comunicar espiritualmente se não for pelo espírito e no Espírito. Sabemos que todo ser humano é dotado de um espírito. Todos temos a pecinha correta, mas não necessariamente ela está na frequência certa. Se quisermos captar ondas de rádio, precisamos ter um aparelho capaz de entender essas ondas e transmiti-las de forma audível. No entanto, também precisamos que esse aparelho esteja funcionando, que tenha uma fonte de energia, e o mais importante, precisamos sintonizar a frequência certa.

Todo ser humano possui um espírito, mas no homem carnal seu espírito está morto, ou seja, está com o aparelho quebrado. Como um homem pode ter um espírito morto se está vivo? Para isso devemos entender: o que é um espírito vivo?

Sabemos que um corpo vivo possui frequência cardíaca, ventilação, temperatura ideal, pressão sanguínea, enfim, sinais vitais. É essencial para manter-se vivo que o ser humano receba nutrição, além de todas as condições externas imprescindíveis para a vida. É bem simples saber o que é um corpo vivo e um corpo morto. No entanto, como sabemos quando um espírito está vivo? É óbvio que, se um espírito morre, ele foi exposto a alguma condição de subnutrição. Mas o que nutre um espírito?

Um corpo precisa de comida e hidratação. A alma também é nutrida principalmente com relações sociais, e o espírito é nutrido com relacionamento espiritual. A comida que alimenta o seu espírito é o relacionamento com Deus.

O espírito é o que vivifica, a carne para nada aproveita; as palavras que eu vos disse são espírito e vida. (Jo 6:63, ARC)

E a vida eterna é esta: que te conheçam, a ti só, por único Deus verdadeiro, e a Jesus Cristo, a quem enviaste. (Jo 17:3, ARC)

Nosso espírito precisa receber comida. Necessitamos de energia no rádio, ou não servirá para nada. Assim como precisamos comer todos os dias, seu espírito precisa se nutrir em Deus constantemente.

Apesar de não darmos o mínimo valor ao que o espírito precisa, a saúde dele gera vida sobre a alma e o corpo. Sua alma é curada e transformada da sua natureza carnal e maligna, e seu corpo recebe vida.

Nosso corpo recebe vida se o espírito tiver vida? Sim! Se seu espírito estiver ligado a Deus, mesmo que ele se deteriore e morra, pelo poder do Espírito ele ressuscitará, sem as fragilidades da mortalidade, ou seja, é imortal (1Co 15:52).

O homem carnal não recebe nutrição espiritual porque seu espírito está morto, longe de Deus, longe da fonte da vida. É como um rádio sem pilha ou quebrado. Não pode adorar porque falta a fonte de energia, o Espírito Santo. Resumindo: um espírito vivo é aquele que recebe nutrição, e essa nutrição é uma vida de relacionamento no Espírito Santo.

> [...] os verdadeiros adoradores adorarão o Pai em espírito. (Jo 4:23, ARC)

Esse é o primeiro requisito. É impossível adorar com o espírito morto. É necessário nascer para uma natureza espiritual, nascer de novo. Esta obra só Jesus foi capaz de fazer – nos religar a Deus.

Ora, quando falo de natureza, logo falo daquilo que lhe é inerente. Quando somos nascidos do Espírito, nossa natureza espiritual comanda. Daremos um exemplo: suponhamos que um patinho seja criado entre os pintinhos; mesmo convivendo em um ambiente diferente, em algum momento sua natureza dominará. Seus irmãos de criação vão começar a ciscar, piar e crescer conforme sua natureza. Enquanto isso, o patinho cresce diferente de seus irmãos, fazendo sons estranhos, rebolando ao andar e ansioso por entrar na água. Natureza! Não tem como fugir dela.

Um cristão nascido do Espírito não pode negar sua natureza espiritual; é um ser estranho no mundo. Enquanto as pessoas correm atrás de seus sonhos, planejam, suspiram pelo poder, fama, riquezas, o homem espiritual pensa completamente diferente. Seu pensamento está na eternidade, e a sua comida é viver os sonhos de Deus. Ele é um completo extraterrestre!

Jesus disse-lhes: A minha comida é fazer a vontade daquele que me enviou, e realizar a sua obra. (Jo 4:34, ARC)

Uma segunda característica do adorador é a verdade. "[...] *os verdadeiros adoradores adorarão o Pai em espírito e em verdade*".

A verdade a respeito do caráter de Deus foi revelada em Cristo. Consequentemente, verdade é um requisito básico para adorar. Nada do que é forjado, falsificado, adulterado, "pirateado", escondido, dissimulado, mascarado é aceito por Deus. Você aceitaria uma cédula de cem dólares falsificada? Acredito que não. Dessa mesma forma, para Deus, um adorador falsificado não tem valor. Mesmo que seja uma falsificação bem-feita, mesmo que o valor da cédula seja alto, e muitos gostariam de tê-la, o valor da cédula continua sendo zero.

Deus espera genuinidade, autenticidade, retidão, sinceridade, transparência em nossas ações. A verdade é Cristo, basta imitá-lo e você estará sendo verdadeiro. O que importa mesmo em um adorador é que seu caráter reflita Cristo.

A verdadeira adoração passa por Cristo, porque Ele é a verdade, e por meio Dele temos o Espírito Santo em nosso espírito. O caminho da adoração é Cristo, e obrigatoriamente, para ser recebida por Deus, deve passar por Ele.

A natureza de um adorador é espiritual, e essa natureza deve estar no comando. Consequentemente, o adorador não serve sua natureza humana. Ele não pensa, age ou sente como um homem carnal. Suas atitudes são baseadas na verdade, e sua vida é guiada pelo Espírito.

O lugar da adoração

O TABERNÁCULO ERA O LUGAR DA ADORAÇÃO. Era a referência da adoração naquela época. Se alguém dissesse "vamos adorar", logo se entendia ir ofertar a Deus no templo. Quando Jesus encontrou com a mulher samaritana, ela deixa isso claro. *"Nossos pais adoraram neste monte, e vós dizeis que é em Jerusalém o lugar onde se deve adorar."* (Jo 4:20, ARC). Ela sabia que o judeu tinha um lugar de adoração, que era em Jerusalém. Por isso, adoração tinha data e lugar marcados. Era programada e metódica. Uma adoração bem-sucedida era uma adoração que obedecia fielmente aos parâmetros da Lei. Adorar era sinônimo de ofertar a Deus no templo.

No entanto, não era isso que Deus esperava. Deus desejava reconciliar consigo todas as coisas. O Seu desejo era nos livrar do veneno, para que pudéssemos adorar.

O tabernáculo era passageiro, ele serviu bem ao seu propósito e se tornou obsoleto (Hb 8:13). Tornou-se obsoleto porque era insuficiente para purificar o pecado. Ele não podia tirar o veneno da Serpente da corrente sanguínea do homem, somente era um paliativo temporário, visto que, todos os anos o Sumo Sacerdote deveria oferecer sacrifício por si mesmo, pela sua família, e por todo o povo.

> *De sorte que era bem necessário que as <u>figuras das coisas que estão no céu</u> assim se purificassem; mas as próprias coisas celestiais, com sacrifícios melhores do que estes.*
> (Hb 9:23, ARC, grifos nossos)

O tabernáculo humano era uma réplica do tabernáculo celestial. Precisamos entender que as coisas terrenas, todas elas, são imitações das coisas celestiais. O mundo espiritual existia muito antes do mundo físico. E quando Deus deu a metragem do tabernáculo a Moisés, estava dando medidas específicas para que não fugisse da engenharia celestial. Todos os utensílios apontavam para Cristo. A Lei e os profetas falam de Cristo, assim como todos os utensílios do tabernáculo simbolizam Cristo. As ofertas, os sacrifícios, enfim, todas as ordenanças apontam para Cristo.

Caso você queira ir de Curitiba a São Paulo, no caminho haverá muitas placas indicando o caminho. Elas apontam o caminho certo, mas as placas nunca chegarão a São Paulo. São necessárias? É claro que sim! Mas agora temos GPS, um sistema de navegação mais eficaz.

A Lei é boa, foi necessária, mas se tornou obsoleta para indicar o caminho da adoração. Jesus é o caminho eficaz. Deus usou placas através da Lei, mas as pessoas continuaram se perdendo, porque precisam de ajuda, um guia bem qualificado, o Espírito Santo. Agora você vai confiante, sem medo, e pode entrar no Santo dos Santos, por um novo caminho, aberto por Cristo na cruz.

O Grande Sacerdote leva o sangue de animais para dentro do Lugar Santíssimo a fim de oferecê-lo como sacrifício pelos pecados. Mas os corpos dos animais são queimados fora do acampamento. Por isso Jesus também morreu fora da cidade de Jerusalém para, com o seu próprio sangue, purificar o povo dos seus pecados. Portanto, vamos para perto de Jesus, fora do acampamento, e soframos a mesma desonra que ele sofreu. (Hb 13:11,12 NTLH)

O sangue dos animais entrava no tabernáculo, mas os corpos eram queimados fora do templo. Assim foi com Jesus, ele morreu fora da cidade. O autor de Hebreus nos chama a seguir Jesus até a morte e abandonar o tabernáculo, abandonar as obrigações da religião, pois já não é necessário. Nossa missão está em seguir Jesus até o calvário.

O templo era o lugar onde a presença de Deus habitava, agora o lugar da adoração é onde um adorador estiver. Se você é um verdadeiro adorador, onde estiver, o tabernáculo de Deus estará. Sua carne está do lado de fora do tabernáculo, no altar do sacrifício. O lugar da sua carne é sobre o altar sendo queimada. O sangue representa seus sentimentos, suas motivações e seus desejos derramados sobre o propiciatório. Sua alma purificada está apta a entrar no Santo dos Santos e a propor oferta agradável a Deus. A oferta não é mais o sangue de bodes, mas o sangue de Jesus. A sua oferta é a sua vida de adoração.

Por meio de Jesus, pois, ofereçamos a Deus, sempre, sacrifício de louvor, que é o fruto de lábios que confessam o seu nome. Não negligencieis, igualmente, a prática do bem e a mútua cooperação; pois, com tais sacrifícios, Deus se compraz. (Hb 13:15,16, NTLH)

Agora nosso sacrifício é o louvor, e nossa oferta é de lábios que confessam a fé; aquilo que Deus espera e se agrada é o amor mútuo. Isso é adoração aceitável a Deus, uma vida motivada pelo amor mútuo.

Por onde um adorador passa, obrigatoriamente um manancial passa com ele. O que quero dizer com isso? Não que sinais sobrenaturais ou miraculosos são obrigatoriedade, porque uma palavra pode ser uma semente eterna. Entretanto, o adorador, sem esforço algum, deixa um rastro de bênção por onde passa. Uma trajetória de amor a Deus e ao próximo marca a vida de adoração, e marca a vida que O conhece.

O tabernáculo foi construído atendendo a medidas específicas, matéria-prima de primeira, e dado a uma tribo selecionada para dar manutenção. Deus é específico! Ele não habita em qualquer lugar, não mora em lugar imundo.

Não é possível que você tenha atitudes carnais e pecaminosas e sua vida seja agradável aos olhos de Deus. Eu soube de um prostíbulo sendo administrado por crentes, esses mesmos creem que a bênção de Deus está sobre seu negócio. Irmãos que testemunham suas falcatruas. Milhões em ofertas missionárias sendo desviadas pelos interesses de pastores. É impossível que Deus receba essa oferta suja. Para habitar com Ele, você deve ser santo, assim como Ele é santo.

O lugar da adoração é limpo de contaminação. E não que o adorador seja perfeito, mas ele zela pela limpeza do templo. O adorador zela para que a habitação de Deus esteja limpa, cheirosa, arrumada e agradável. Enfim, sua vida deve ser limpa, suas atitudes verdadeiras, seu interior puro, então a presença de Deus habitará nesse templo.

Deus é criterioso! Ele não procura qualquer adoração, mas adoradores que atendam aos seus requisitos. Quem aceita qualquer adoração é Satanás, porque o seu prazer é que a adoração seja suja e desqualificada. Caso você queira ser o adorador que Deus procura, o zelo deve ser parte importante da sua vida.

Adoração é intimidade

Disse-lhe Jesus: Eu sou o caminho, e a verdade e a vida; ninguém vem ao Pai, senão por mim. (Jo 14:6, ARC)

Ele é o Caminho, a Verdade e a Vida para quem quiser ir ao Pai.

Ir ao Pai. A maioria das pessoas acha que ir ao Pai é obter salvação, ou seja, ser salvo do inferno. Porém, quando pensamos assim, Deus acaba sendo um objeto de troca. Pense bem! Por que você deseja ir a Deus? Chegar até Deus é sinônimo de que para você? Solução de problemas? Um passaporte garantido para o céu?

O coração de Deus deseja adoradores porque o verdadeiro adorador é um filho. Ter filhos sempre foi o desejo de Deus, é exatamente isso o que Ele procura.

São poucas as vezes no Antigo Testamento que vemos Deus ser chamado de Pai (Is 63:16; 64:8), mas Jesus revoluciona esse pensamento e torna esse relacionamento íntimo como parte essencial da fé. Na oração modelo, Jesus nos ensina a chamá-Lo de Pai. Para um judeu era um desrespeito chamar Deus de Pai, eles não podiam entender que esse era o desejo do coração de Deus. Por Jesus temos a ousadia de chamá-Lo: *Abba*!

Porque não recebestes o espírito de escravidão, para outra vez estardes em temor, mas recebestes o Espírito de adoção de filhos, pelo qual clamamos: Aba, Pai. (Rm 8:15, ARC)

Um laço de paternidade é diferente de um contrato de serviços, ou seja, o relacionamento entre um filho e um pai é diferente do relacionamento entre o servo e seu senhor. O servo obedece em troca do salário, mas o filho obedece por amor. Apesar de Deus ser Senhor e Rei e nós, Seus servos, também fomos adotados como filhos. Um filho recebe a herança, porém, para o filho, mais importante do que a herança é a presença de seu pai.

O seu relacionamento com Deus não pode ser baseado em barganha, troca ou negociação, "Eu faço minhas obrigações religiosas e Deus me dá o que peço!", "Eu jejuo e Deus vai atender a meu pedido", "Faço uma campanha de oração para Deus me dar a vitória!". Será que é assim que um filho se comporta? Talvez um filho rebelde se comporte assim, mas filhos rebeldes são bastardos (Hb 12:8). Faça por amor! Jejue em humilhação! Ore todos os dias para conhecê-Lo! Seja um filho e será um verdadeiro adorador.

Quem quer ir ao Pai, quer encontrar o Pai, e não uma casa, um carro, uma promoção, um cônjuge, ou ser livre do fogo do inferno. Quem quer Deus, quer Sua face, relacionamento, intimidade.

Engana-se quem pensa que precisa ser salvo do inferno. Precisamos ser salvos de nós mesmos, da nossa natureza maligna. O inferno é a consequência de uma vida dominada pela natureza carnal. Se crermos que Deus é capaz de nos libertar dessa natureza, então a vida eterna será consequência.

Salvação é libertação da natureza humana pecaminosa. Salvação é ter o antídoto na sua corrente sanguínea. O mundo e seus prazeres vão deixar de ter importância para você. À medida que você vai conhecendo Deus, sua natureza carnal e maligna é subjugada, e a natureza espiritual vence.

Temos ouvido tanto falar sobre intimidade, mas muita gente não sabe como viver em intimidade. Os relacionamentos na nossa sociedade estão em baixa. As famílias perderam a referência de intimidade. Os pais não sabem como podem ter intimidade com seus filhos. Não há diálogo, sinceridade, lealdade. Acredito que essa perda é fruto do veneno da Serpente. A humanidade está cada dia mais distante da proposta do Pai. É ainda mais triste ver essa situação dentro de nossas igrejas. Famílias sendo perdidas, passando de geração em geração o legado.

Se não pudermos ter relacionamentos sadios dentro de nossas casas, como poderemos viver um relacionamento íntimo com Deus? É necessário que haja cura nos nossos relacionamentos, e só há um caminho: vida de intimidade com Deus. Conforme nos aproximamos de Deus, Ele cura nossos relacionamentos com os outros, e isso nos leva ainda mais perto de

Deus. Nesse processo vamos nos aproximando até que possamos estar diante de Deus sem máscaras.

Há três requisitos básicos para intimidade. 1º) confiança; 2º) convivência com privacidade; 3º) nudez. Um casal não poderá ser íntimo se faltar um desses três ingredientes. Caso haja convivência, mas faltar confiança, entra o ciúme que mina o relacionamento. Caso haja confiança, mas não nudez, a parcialidade entra e destrói os laços. A nudez é importante, porém se faltar a confiança, o medo entra e mata os sentimentos. E não são exatamente esses três ingredientes que Deus espera de um relacionamento com Ele?

1º) Confiança – Deus espera que creiamos em Seu caráter. Fé é a forma mais elevada de confiança e entrega. Quando você está diante de uma dificuldade, seu coração teme? Você perde as forças, pensa em desistir, se revolta contra Deus e o mundo? Então, sinto muito em dizer: o que falta é intimidade.

Quando sua intimidade com Deus está em um alto nível, as preocupações são como um cão sem dentes. Elas podem estar presentes, mas não arrancam pedaços. Uma paz inexplicável é uma constante, apesar de a realidade ser um turbilhão. As situações te jogam de um lado para o outro, e, mesmo sem entender o motivo de tudo, aquele que confia não se abala. No entanto, quem não conhece a Deus o suficiente, vai ter grande dificuldade.

Em ti confiarão <u>os que conhecem o teu nome</u>; porque tu, SENHOR, nunca desamparaste os que te buscam.
(Sl 9:10, ARC, grifos nossos)

> *Mas para mim, <u>bom é aproximar-me de Deus</u>; pus a <u>minha confiança</u> no SENHOR DEUS, para anunciar todas as tuas obras.* (Sl 73:28, ARC, grifos nossos)

Só confia quem conhece. Para conhecer tem que haver convivência com privacidade.

2º) Convivência com privacidade – A privacidade é a exclusividade que se dá a alguém com importância. Hoje, quando o tempo tem muito valor, tirar um tempo exclusivo para alguém é uma demonstração de amor. É uma forma eficaz de conhecer alguém intimamente e demonstrar o valor que essa pessoa tem para você.

> *Mas tu, quando orares, entra no teu aposento e, fechando a tua porta, ora a teu Pai que <u>está em secreto</u>; e teu Pai, que vê em secreto, te recompensará publicamente.*
> (Mt 6:6, ARC, grifos nossos)

Isso é privacidade. Entre no seu quarto, feche a porta e tire um tempo a sós com Deus. A recompensa será que o Pai dará a você uma demonstração pública de intimidade naquele grande dia, e dirá: "Vinde, benditos de meu Pai, possuí por herança o reino que vos está preparado desde a fundação do mundo" (Mt 25:34, ARC). Aos outros lhes dirá: não vos conheço.

Jesus tinha o costume de subir o monte para orar (Mt 26:36; Mc 6:46; Lc 6:12; 9:28). Ele se retirava, deixava as multidões para ter um momento a sós com o Seu Pai. Ora, Jesus não podia fazê-lo em qualquer lugar, não tinha livre acesso a Deus a qualquer momento? Por que fazia questão de retirar-se para um lugar distante? Porque ele queria privacidade com Seu Pai.

Pedro também tinha o costume de subir ao terraço para orar à hora sexta. Faça o mesmo, retire-se das suas atividades, pare tudo para dar exclusividade a Deus, e a sua intimidade com Ele crescerá.

Não é somente a exclusividade que conta, mas a convivência. Não basta dar exclusividade a Deus uma vez no ano. Seu tempo a sós com Ele deve ser constante, todos os dias. Também não basta dar um tempo de qualidade e exclusividade, é preciso nudez.

3º) Nudez – Sei que pode parecer estranho, mas não existe outra palavra para expressar melhor o que queremos expor aqui. Quando falamos nudez, não é do corpo físico, e sim da alma. Não ter máscaras, falsidade ou dissimulação. Estar diante de Deus sem nenhuma reserva, moderação ou retraimento. Contar tudo o que lhe aflige, suas feridas, traumas, medos, anseios, projetos, sonhos, frustrações, raivas, desilusões etc. Dar exclusividade a Deus da sua intimidade, isso é estar nu.

Não há intimidade sem abrir as regiões mais profundas do ser. Só mostramos nossa nudez diante de alguém que conhecemos, confiamos, e desejamos ter vínculos profundos e eternos. Intimidade é nudez!

Adão e Eva se encontravam nus com Deus. Eles tinham um horário exclusivo para Ele, todos os dias. Estavam totalmente entregues em um relacionamento profundo. Quando pecaram, os laços de confiança foram quebrados e sentiram vergonha da nudez. Os três requisitos da intimidade foram quebrados. A confiança foi minada pela Serpente, eles fugiram do momento de exclusividade e sentiram vergonha da nudez. A intimidade teve um fim.

Intimidade não se vende ou compra, mas é fruto de investimento longo e persistente de duas pessoas. As duas pessoas precisam estar empenhadas, ou não será possível. Deus deseja ter intimidade com você, mas você precisa estar empenhado. Por isso é tão importante buscar intimidade com Ele.

Não existe adoração sem relacionamento íntimo de filho. Todo o preço pago por Cristo na cruz era para te fazer filho, para que fosse possível um relacionamento íntimo.

Porque os que dantes conheceu também os predestinou para serem conformes à imagem de seu Filho, a fim de que ele seja o primogênito entre muitos irmãos.
(Rm 8:29, ARC)

Você, adorador em ação

JESUS MORREU NA CRUZ para que o Seu sangue nos desse vida, cura, imunidade, mas também para nos manter sóbrios. Jesus veio para denunciar as forças das trevas e desmascarar os ardis de Satanás. Acorde do feitiço! Perceba a mentira! Não se iluda com a miragem!

Imagine um reino sendo disputado por dois personagens. Um deles – aquele que procura tomar o trono – acusa o rei de desonestidade e manipulação. Os súditos estão divididos, sem saber se o tal está mesmo contando a verdade. O acusador conduz os súditos do reino, confusos e extremamente tentados a escolher um dos lados. Faz propostas de um reino diferente e libertador, o que era muito tentador para eles. Então, todos decidem obedecer àquele a quem acreditaram ser o dono da verdade; enfim, cada um escolheu de que lado estavam. Os adoradores ou súditos do rei seguiram suas leis, enquanto os adoradores ou súditos do acusador seguiram sua proposta. Isso definiu de que lado cada um estava, mas ainda não era o fim, pois a verdade ainda era um mistério. Um dia, porém, o rei, muito sábio, provou através de suas atitudes nobres que o acusador não passava de um sórdido manipulador. Esse era o fim da dúvida, o fim da escravidão para muitos, mas não para todos. Muitos dos adoradores do acusador estavam tão enfeitiçados por suas mentiras que não puderam ver a verdade, e amaram mais a mentira do que suas próprias vidas. O acusador perdeu a luta, mas conseguiu fazer um grande estrago.

Não acredito ser necessário explicar do que se trata essa alusão. Nossa intenção é fazer você enxergar de que lado dessa luta você está.

Não sabeis vós que a quem vos apresentardes por servos para lhe obedecer, <u>sois servos daquele a quem obedeceis</u>, ou do pecado para a morte, ou da obediência para a justiça? (Rm 6:16, ARC, grifos nossos)

Não se iluda! Adoramos àquele a quem obedecemos. Quando apreciamos, aceitamos ou obedecemos às propostas de Satanás, estamos juntando forças em seu reino. Quando obedecemos, amamos, apreciamos e seguimos Cristo, estamos adorando-O.

Adorar não é levantar as mãos no culto de domingo. Adorar não é gritar "Glória a Deus!", diante de uma vitória. Adoração não é um gênero musical cristão. Adorar não é dizer palavras de elogio a Deus. Tudo isso é válido, mas não é adoração. Adorar é prostrar-se diante de uma proposta, ideia, filosofia, oferta, conselho, orientação. Adorar é simplesmente obedecer. Isso muda tudo! Podemos nos ajoelhar, levantar as mãos, gritar "Glória a Deus", e dizer: "Te adoramos, Senhor!", mas ainda assim estarmos adorando a Satanás por simplesmente estar obedecendo-o. Muitos cristãos estão preocupados com adoração aos ídolos, mas sua alma está curvada à proposta da Serpente todos os dias. Percebe quantos adoradores de Satanás estão frequentando assiduamente nossos templos? De que lado você está?

Um dia na sala de aula da faculdade, falando sobre liberdade no conceito dos maiores filósofos, uma colega de classe expôs sua opinião sobre sua própria liberdade. Ela se sentia livre para fazer qualquer coisa que viesse à sua mente, e ufanava-se de sua liberdade. Em sua maneira de ver, sua vida era livre das demais concepções religiosas ou qualquer tipo de controle ou regra. Exibiu com orgulho sua escolha de vida enquanto os demais alunos concordavam com sua afirmação. Essa mesma pessoa saía diversas vezes da sala porque era viciada no fumo. Que liberdade é essa que escraviza e encarcera suas vítimas em más escolhas?

Em Romanos 6:16, vemos claramente duas escolhas. Há quem diga que, em se tratando de salvação, não temos escolha. Para mim, obediência define seu destino na eternidade. Nós escolhemos a quem obedecemos, e isso define a quem você serve.

Somos escravos de quem obedecemos, por isso a humanidade se tornou escrava do pecado e de Satanás, porque escolheu e ainda escolhe obedecer a essas propostas. Por isso, viver o individualismo, a independência, o desejo por poder ou fama, é adoração a Lúcifer. Quando nos sujeitamos a obedecer à proposta da Serpente, estamos adorando-a. Quando buscamos fugir das regras de Deus, na verdade estamos nos encarcerando ao Diabo. Ou se está de um lado, ou de outro (Mc 9:40; Tg 3:11). Ou amamos a Deus e O obedecemos, ou abraçamos o mundo, lançando a chave da algema nas mãos de Satanás (Tg 4:4).

Para um dependente químico, o mais difícil é entender que ele não conseguirá se livrar do vício sem ajuda. E mais grave ainda, quando o "dependente" não admite seu vício. Alguns percebem que precisam de ajuda e escolhem tomar o antídoto. Outros preferem o vício até que sejam totalmente tragados. A legitimidade de nossa escolha não anula a soberania de Deus. São fronteiras que Ele mesmo estabeleceu. Nossas escolhas, porém, não são boas e nossa liberdade é má.

Não somos independentes com a liberdade que deduzimos ter; ao contrário, somos dependentes de nossas más escolhas. Tudo aquilo que Satanás propôs ao homem era uma miragem tão convincente que fez seus súditos crerem que sabem escolher o melhor, assim como Eva se convenceu de que a árvore era boa, enquanto tudo não passava de uma bela e ilusória miragem.

Quantos cristãos professam seguir a Cristo, mas são amantes de Satanás em seu coração e suas atitudes. Os mesmos pés que caminham para o altar "são os pés que se apressam para o mal" (Pv 6:18). Suas escolhas são guiadas pelos desejos que lhe atraem. Por isso é tão fácil ver cristãos mentirosos, avarentos, prostitutos e, principalmente, independentes. Este último tipo é o pior, pois aparentemente não faz nada de errado, mas nunca entrega totalmente as rédeas de sua vida a Deus. Suas decisões são baseadas em suas vontades e seus projetos, e Deus é somente um sócio rico, viabilizando o sucesso de seus empreendimentos.

As mesmas mãos levantadas em "adoração" durante o louvor de domingo são as "mãos que derramam sangue inocente" (Pv 6:18), pois usurpam, agridem, extorquem, se encolhem para ajudar, sustentar e proteger os inocentes. Talvez você pense não haver sangue em suas mãos, mas saiba que omissão de socorro te faz tão culpado quanto um assassino. Encolher as mãos diante da necessidade do próximo te faz tão culpado quanto aquele que causou o mal. Mãos incapazes de abraçar e expressar amor. Incapazes de acolher a causa do próximo, de lutar pela injustiça daqueles que estão ressequidos dela. Não são necessários olhos apurados para perceber como os cristãos se fecharam em suas próprias necessidades e se esqueceram da ajuda mútua que deveria existir no convívio entre irmãos. Tornamo-nos um povo inútil perante os olhos da sociedade, porque nossas mãos estão encolhidas.

As bocas que proferem poesias nos palcos e se enchem de retórica são as mesmas "línguas mentirosas" (Pv 6:17). Falsidade, engano, condenação, crítica, mentira, maldição saem dessas mesmas bocas. Excessivamente críticos e incapazes de encorajar, elogiar, advertir com amor. Por outro lado, agem falsamente, e retêm a correção no momento oportuno. Enchem a boca para exaltar seus próprios feitos, mas escondem a língua para admitir os erros ou liberar perdão. Ludibriam em seus negócios em troca de lucro injusto, fama, aceitação, ou pelo simples prazer de não sair perdendo. Esses mesmos lábios que gritam "Glória a Deus!", glorificam a Satanás, pois testemunham falsamente e semeiam contenda entre os irmãos.

Os olhos que vislumbram o sobrenatural são os mesmos "olhos altivos" (Pv 6:17). Os pensamentos, e consequentemente os sentimentos são motivados pelos olhos, e vice-versa. Como diz o ditado popular: "o que os olhos não veem o coração não sente". Somos comandados pelo que vemos, e ainda da maneira como olhamos o mundo (Lm 3:51). Quando temos um olhar arrogante, é assim que pensaremos e sentiremos. Quando pensamos arrogantemente, nosso olhar para as circunstâncias também assim o será. Se nossos olhos são controlados pelo Espírito Santo, então eles não nos enganarão. Sua fé não será afetada pelo que se vê, pois seus pensamentos e sentimentos estarão no altar. Seus olhos não serão atraídos por pornografia, gula, consumismo, inveja etc. Não importa quanto o fruto seja "agradável aos olhos", a atração não te vencerá.

E o coração que arde e bate forte diante da emoção das apresentações de domingo é o mesmo que acelera diante do pecado, pois é maligno (Pv 26:23). Arde de amor pelo proibido, pelo vício, pelos entretenimentos e manjares do mundo. Ama o pecado e aprova o seu sabor. Se amasse a Deus, esse coração se angustiaria em seus erros, sofreria pelas almas não alcançadas, perderia o ritmo diante da injustiça e se atormentaria diante da incredulidade. Amaria aquele que não merece, perdoaria aqueles que ainda não amam. Pesaria diante das calúnias contra Deus e contra a verdade. Seria uma rocha nas adversidades e "manteiga" para confessar suas maldades, assim como Davi, o homem segundo o coração de Deus. Entretanto, a realidade tem sido diferente. Temos visto pés, mãos, língua, olhos e coração daqueles que se dizem cristãos adorando a Satanás.

Quantos de nossos irmãos se tornaram defensores das causas de Satanás, pois não amam as Escrituras? Cristãos que apontam Deus, julgam Suas atitudes e decisões, ou, ainda pior, dizem aquilo que Deus não disse. Estão completamente convencidos de que estão certos, acham que são "adoradores de Deus", mas são um engodo. Entretanto, ainda há esperança para o coração arrependido se ele aceitar o antiveneno.

Quando combatemos as propostas de Satanás, quando rejeitamos o seu reino e lutamos contra o seu veneno: isso é adoração. Adorar a Deus não é entoar canções ou palavras de louvor, não acontece em um momento específico do culto. Adorar é lutar contra todos os prazeres e vontades carnais. Rejeitar essa natureza de erro e seguir a Cristo: isso é adoração.

Isso custa caro! Uma vida sacrificial e de muita renúncia. Viver sem regras e limites é tudo o que mais desejamos, mas é uma mentira. O que o nosso inimigo deseja é vê-lo entorpecido em seu veneno. Ele deseja que você acredite estar servindo a Deus, enquanto o adora com seu corpo, alma e espírito.

Ele conseguiu o que queria, fez a humanidade crer em suas mentiras e duvidar de Deus. No entanto, agora que você está sóbrio e essa batalha terá outro sentido em sua vida cristã. O Espírito Santo curará a sua consciência, de tal forma que você seja um verdadeiro adorador. Ora, a proposta da Serpente foi independência, então adoramos a Deus quando dependemos total e exclusivamente Dele. Adoramos quando nos submetemos uns aos outros, considerando a todos superior (Fl 2:3). Satanás propôs exaltação: "sereis como Deus"; então o antídoto é a humilhação.

Veja bem, o fruto do Espírito é o antídoto contra o fruto da carne, onde um luta contra o outro.

> *Digo, porém: Andai em Espírito, e não cumprireis a concupiscência da carne. Porque a carne cobiça contra o Espírito, e o Espírito contra a carne; e <u>estes opõem-se</u> um ao outro, para que não façais o que quereis.* (Gl 5:16,17, ARC, grifos nossos)

Observe que o fruto do Espírito produz fé, que combate as heresias. A mansidão combate contra as pelejas, a temperança combate contra iras e bebedices, o amor combate as inimizades etc. Por isso, precisamos ser cheios do Espírito e produzir o fruto completo, para combater contra todas as obras da carne.

O fruto é a evidência da espécie da árvore. Por exemplo: a laranjeira produz laranjas; a macieira, maçãs; a figueira, figos; o cristão espiritual produz o fruto do Espírito; o carnal produz o fruto da carne.

O tempo todo nossa carne quer manifestar as suas obras, porém o Espírito Santo que mora em nós o tempo todo produz Seu fruto. Quando alguém nos faz um mal, a carne quer manifestar a vingança; entretanto, pelo Espírito Santo a sua carne ficará subordinada na luta, e você concederá perdão. Essa deve ser a vida de um adorador, de frutificação para o Reino.

Foi uma longa caminhada, e você foi instrumentalizado com o conhecimento necessário sobre adoração. Agora você sabe qual a proposta de Deus para você, e qual é a da Serpente. Lembre-se de que ser imagem de Cristo é o principal objetivo do adorador.

A vida de um adorador não é dele mesmo. Você não terá autonomia para nada, seu arbítrio é Dele e para Ele. Você não estará focado neste reino e em tudo o que possa vir dele. Sua recompensa não virá neste século, uma vida de intimidade é a recompensa dos que adoram. Tudo o que você tem neste mundo será para a glória Dele, e a sua alegria será depositar coroas aos Seus pés.

A recompensa é que Ele te chamará de filho, amigo, noiva. Suas necessidades Ele atenderá. Você se sentirá o mais especial dos homens, e uma vida fantástica surgirá. Em seus pequenos mimos Ele te surpreenderá, e nas suas fraquezas te sustentará. Seus antigos prazeres sumirão, e uma vida nova de realizações eternas aparecerá. Nada será igual, à medida que você escalar novos níveis de adoração.

CAPÍTULO 8 — UMA IGREJA ADORADORA

Acreditamos que a igreja brasileira dos tempos atuais tem sido cenário de grandes antagonismos: por um lado uma igreja que fala e canta o amor e a misericórdia, que faz em seus templos verdadeiros shows, que têm atraído um grande volume de pessoas, uma igreja rica e luxuosa, que bate no peito orgulhando-se de seus feitos; por outro lado, apresenta outra face da realidade, uma igreja que está longe de viver a plenitude da revelação, uma igreja que tem se conformado com o mundo, que tem fechado os olhos para a realidade a sua volta, que tem feito de Deus mais um alvo de seus interesses. Essa igreja, apesar de suas contradições, é a igreja do Senhor, e acreditamos que essa realidade – muitas vezes mascarada – e essas feridas serão expurgadas do corpo da noiva. Cremos que a igreja, assim como uma pessoa, passa por fases, e este é o tempo em que Deus trará maturidade, crescimento verdadeiro e derramará sem medidas um novo óleo.

Acreditamos que muitos têm visto as feridas dessa igreja e sentido a sua fetidez, mas somente olhar as feridas e declarar o quanto cheiram mal não trará solução ou cura. Fugir ou fechar os olhos também não trará cura; ao contrário, nos fará tão doentes quanto ela. É necessário que assumamos como igreja uma postura de verdadeiros adoradores, e "que comece em mim" a transformação.

Uma longa história

DEPOIS DE SERMOS INUNDADAS COM REVELAÇÃO, chegava a hora de viver o que havíamos aprendido. O Senhor nos levou a uma cidade do interior do Paraná para começar nosso intenso treinamento.

Era o último lugar em que eu, Christine, pensava em retornar. Era uma terra de más lembranças e de um passado depressivo. Não somente para mim, mas outros de nossa família foram guiados para o mesmo lugar, sob o mesmo estigma do passado.

Seguimos o chamado de Deus, e por obediência chegamos à terra de Lodebar. O desafio foi maior do que o esperado, mas permanecemos firmes, confiantes na palavra que o Senhor nos havia dado.

Começamos a nos reunir sobre uma direção: levantar uma igreja adoradora. Começamos a questionar os ensinamentos antigos, dogmas religiosos, costumes e tradições humanos que infelizmente carregávamos havia muitos anos. Essa foi nossa luta inicial e intensa. Éramos poucos, família e alguns amigos, e estávamos nos reunindo em uma casa, mas um trabalho grande Deus fazia dentro de nós.

O tempo foi passando e estávamos firmes, reaprendendo juntos os rudimentos da fé. Estávamos tão apaixonados pela direção que Deus havia dado, e eufóricos com o que Deus faria através daquele povo. Entendíamos que a falha de muitas igrejas brasileiras era um ensinamento torto, e um Evangelho mentiroso. Esperávamos que mediante um ensinamento reto, automaticamente, a vida das pessoas mudaria. Entretanto, nossa alma angustiava-se em ver que, mesmo "fazendo tudo certo", alguns do nosso meio tinham uma mudança lenta e, em alguns, não víamos mudança alguma.

Passamos anos ensinando, treinando, confrontando o erro, apontando o pecado. E mesmo depois de três anos não havia, em nossa conta, saldo positivo. Nosso zelo nos consumia, e nossa alma adoeceu, nossos métodos se esgotaram e ficamos confusos. Apesar de todo o esforço a igreja não apresentava o crescimento que esperávamos. E não falo de crescimento numérico, porque esse não era nosso foco, mas depois de um tempo até isso começou a incomodar. Queríamos ver mudança de caráter, transformação verdadeira, uma igreja adoradora, mas só víamos pessoas apáticas e letárgicas.

O que estava faltando? Talvez fosse falta de amor, de comprometimento com Deus; talvez se tentássemos aulas sobre o assunto, ou colocar o povo para trabalhar etc. Entretanto, era frustrante, porque depois dos nossos esforços não víamos mover um milímetro. Então, entramos pelo caminho da oração. Oramos, oramos, oramos, sem ver uma nuvem no céu. O quarto ano chegou e ainda estávamos focados em oração e comunhão. Foi aí que o Senhor começou a ensinar uma dura lição: na verdade não fazíamos nada certo. Deus permitiu que esgotássemos os métodos didáticos, religiosos e as ferramentas espirituais, para lembrarmos de olhar para cima. Fomos confrontados a depender de Deus.

Experimentamos a doce presença do Espírito Santo em cada oração, em que Ele nos enchia de fé e nos confirmava a direção que havia dado. O Senhor nos encheu de promessas de mudança e um futuro diferente para nós, e Sua direção era: "Esperem, porque quem vai mudar Sou Eu". Essa ordem significava dependência de Deus.

Nossos métodos não valem nada, se o Espírito Santo não fizer a obra. Nossos esforços são nada, se o Senhor não der o crescimento. Aprendemos que obedecer é melhor do que qualquer esforço que podíamos fazer. E naquele momento a direção de Deus para nós era: "Fiquem parados! Eu vou fazer".

Parece cômodo, mas não é. Nossa alma se inquieta em agir, porque gostamos de estar no controle. Ficar parado, muitas vezes, é um desafio maior do que avançar. E assim foi, por mais algum tempo em que ficamos parados. Nossas atividades eram ensino, oração e adoração. Percebemos nossa ingenuidade para tratar com algumas pessoas, aprendemos com nossos erros e, principalmente, como tínhamos sido românticos com aquilo que esperávamos como resultado.

O problema da igreja vai além de um ensinamento roto, e é mais profundo, é um problema estrutural, porque estamos firmados sob os princípios errados. Nossa pedra angular deve ser Cristo, mas sutilmente temos nos alicerçado, confiado, dado credibilidade à nossa capacidade de fazer. Cristo não tem sido Senhor, mas nossa capacidade de gestão, conhecimento e planejamento. Temos seguido confiantes, e muitas vezes sem nos importar com a vontade de Deus e Sua direção.

O Senhor começou a mudar o centro da nossa adoração na prática. Nossa alma se aquietou e passamos a depender exclusivamente de Deus. Hoje, não temos métodos a apresentar. Uma igreja adoradora procura intimidade, comunhão e adoração, e não há novas receitas de sucesso. Não tenho nenhum método revolucionário para passar. O que posso dizer diante da imensa soberania de Deus é: não podemos fazer nada sem Ele. Temos muitas experiências, mas elas não são uma fórmula mágica, porque para cada um Deus dá uma estratégia segundo a Sua vontade.

Um líder pode encher uma igreja com muitos membros, mas só Deus pode transformá-los. Não é difícil conseguir uma estrutura atraente, mas fome de Deus só o Espírito Santo pode dar. As programações, eventos e retiros podem ser bem divertidos e "espirituais", mas somente Deus pode mudar-nos no dia a dia.

Esse não é o fim da nossa história, porque o Senhor tem uma longa história a escrever. Temos crescido em conhecimento e Graça e experimentado revelação. Uma vida de adoração é converter-se ao Senhor e uns aos outros. Essa é a nossa filosofia, o nosso propósito e a nossa esperança.

Há um ladrão no nosso meio

"Levante para mim um altar de adoração", foi o que ouvi do Senhor logo pela manhã.

Sua palavra entrou fortemente em meu coração. Ele me deu as diretrizes e disse-me que depois que eu terminasse mudaria a história da nossa pequena congregação.

Prontamente ouvi a palavra do Senhor e apressei-me a fazer o que me pediu. Comprei um tapete vermelho e consagrei um lugar para fazer uma oferta de louvor todos os dias. O Senhor havia me falado que todos temos altares em nossa casa, lugares onde cultuamos nossos pequenos luxos ou nos separamos para nossas necessidades. Temos um lugar para comer, para nos entreter, para o social, para descansar etc. Nesses lugares nem sempre glorificamos a Deus com nossas atitudes. Muitas vezes nos afogamos em frente ao computador ou à televisão e nos esquecemos de tirar um tempo para o Senhor. Muitas vezes esses lugares são verdadeiros altares para nossa carne, ali é queimado incenso todos os dias. Entretanto, onde estava o altar em que o Senhor era louvado e adorado em minha casa?

Separei um espaço, dentro do meu quarto, como um sinal de intimidade. Por quarenta dias eu me humilhei e ofereci meu louvor todos os dias. Meus pequenos *hobbies*, afazeres e preocupações teriam que esperar pelo meu momento de privacidade. Eu tinha o costume de fazer meu devocional, mas não era isso que o Senhor queria. Ele queria que eu separasse um lugar só Dele, para Ele, por um tempo determinado, e que fosse de profunda intimidade. Separei músicas que, eu sabia, agradariam o coração do Pai, e por um bom tempo conversávamos sobre tudo.

Para minha surpresa o Senhor começou a se apresentar a mim de forma tremenda. Sentia fortemente a presença Dele em meu quarto e muitas revelações, confrontos e mistérios me foram dados naqueles dias. Comecei a compartilhar na igreja tudo o que estava vivendo e alguns começaram a mostrar interesse em seguir meu exemplo.

Não demorou muito, estávamos fazendo juntos, toda a igreja, e muitos passaram a separar um lugar e um tempo de culto em seus lares. Foi então que o Senhor começou a derrubar altares malignos em nosso meio. O coração e a natureza de muitos foram revelados, enquanto alguns casos difíceis foram transformados, mentiras caíram por terra, e a presença de Deus passou a ser ainda mais forte em nosso meio. O Senhor começou a trazer à luz a verdade. Logo entendi, Deus queria tirar os altares de deuses estranhos que roubavam nossa adoração.

Quando a presença de Deus vem, somos arrancados do comodismo. Alguns foram arrancados do nosso meio, outros entraram em verdadeiras fornalhas e muitos se levantaram como adoradores. A verdade veio à tona e a adoração começou a fluir.

Então disse Jacó à sua família, e a todos os que com ele estavam: Tirai os deuses estranhos, que há no meio de vós, e purificai-vos, e mudai as vossas vestes. (Gn 35:2, ARC)

Jacó estava de volta a Betel, o lugar onde Deus havia falado com ele, revelado-lhe o futuro e o abençoado. Então, uma segunda vez o Senhor marcou encontro com Jacó naquele lugar não somente para lhe confirmar a aliança, mas para purificá-lo para adorar. Entretanto, antes que um altar de adoração fosse levantado, os deuses estranhos deveriam ser tirados.

Mesmo depois de ter recebido um novo nome, e resolvido uma situação do passado com seu irmão, Jacó ainda precisava de purificação e mudança. Jacó carregava em seu ventre uma poderosa promessa, aquela feita a Abraão. No entanto, a família detentora da promessa guardava ídolos escondidos. Esses ídolos quase tinham levado Raquel à morte (Gn 31:30-34) e agora impediam a adoração.

Para podermos cultuar a Deus verdadeiramente é necessário nos livrarmos das impurezas e de tudo o que compete com a adoração. Não podemos adorar a Deus sem que aquilo que rouba nossa adoração seja tirado do nosso meio.

Vários são os deuses que têm roubado nossa adoração e que têm passado desapercebidos, convivendo pacificamente em nosso cotidiano, e dentro de nossas igrejas. Sutilmente, ingerências malignas roubam aquilo que deveria ser do Senhor, apesar de estarmos convictos que estão consagradas a Deus.

Um dos maiores ladrões em nosso meio tem sido o dinheiro. Problemas ministeriais, conjugais e sentimentais são causados pelo amor ao cifrão. É por causa dele que muitos caíram na fé, abandonaram suas famílias, destruíram igrejas e ministérios e escandalizaram o Evangelho. O deus Mamom tem roubado a adoração da igreja, e Jesus já havia nos avisado disso.

Conforme dados de pesquisa da Bíblia Hábil – versão João Ferreira de Almeida, revista e corrigida –, na Bíblia a palavra dinheiro aparece 136 vezes, entre elas recomendações de como administrá-lo com cautela (Sl 15:5; Ec 7:12; Is 55:2; Ez 18:8; Mq 3:11; Sl 52:7; Sl 62:9-10; Pv 11:28). *"Quem amar o dinheiro jamais dele se fartará; e quem amar a abundância nunca se fartará da renda; também isto é vaidade"* (Ec 5:10, AC). Também fala de sua importância: *"Para rir se fazem banquetes, e o vinho produz alegria, e por tudo o dinheiro responde"* (Ec 10:19, ARC). No Novo Testamento em várias situações o dinheiro aparece de forma negativa como: Jesus foi traído por 30 moedas de prata (Mt 26:15), Judas também roubava da bolsa de ofertas (Jo 12:6), o jovem rico é confrontado a abrir mão de sua riqueza e dar aos pobres (Mt 19:21), compara o dinheiro a um deus, que compete com o senhorio de Deus na nossa vida (Mt 6:24), causa danos à fé (Mt 13:22), aqueles que querem se tornar ricos caem em destruição (1Tm 6:9). No entanto, três textos me saltam à vista, pelo conteúdo forte que possuem.

1º) *Nenhum servo pode servir a dois senhores, porque ou há de aborrecer a um e amar ao outro ou se há de chegar a um e desprezar ao outro. Não podeis servir a Deus e a Mamom.* (Lc 16:13, ARC)

Um texto forte e bem óbvio, mas para o entendermos melhor precisamos analisar todo o contexto. Para abordar esse assunto, o Senhor Jesus, usou de Seu método didático preferido: contou uma parábola.

Existia um homem muito rico, que possuía um administrador que cuidava de seus bens. Entretanto, foram lhe dizer que seu administrador estava cuidando mal de seus negócios. Então, o homem rico chamou-o e pediu que lhe prestasse contas de tudo. O administrador, acreditando que seria demitido, procurou todos os devedores de seu patrão e lhes abateu o valor da dívida, para que vindo ele precisar de amigos no futuro, esses devedores lhe oferecessem amparo. Seu patrão, sabendo disso, o elogia. Após contar essa história Jesus disse:

> *"E eu vos recomendo: das riquezas de origem iníqua fazei amigos; para que, quando aquelas vos faltarem, esses amigos vos recebam nos tabernáculos eternos"* (Lc 16:9, ARA).

O trecho que me chama a atenção é: "das riquezas de origem iníqua". Analisando o texto superficialmente somos levados a interpretar que dinheiro iníquo é o dinheiro conquistado ilegalmente, fruto de furto, ou dinheiro corrupto. Entretanto, Jesus jamais incentivaria tal atitude. Então, o que são essas riquezas de origem iníqua?

Ivênio dos Santos, em seu livro *Alma Nua*, defende que as riquezas de origem iníqua são *"todo o dinheiro circulante, ou todo o sistema monetário vigente no mundo"*. Devemos aceitar que tudo é de Deus, toda a riqueza, todo o ouro e prata; as terras com seus recursos são do Senhor, mas o sistema monetário pertence ao reino deste mundo, e quem está no comando é Mamom. Deus jamais compactuará com o sistema corrupto em que vivemos, essa adoração é recebida pelo reino das trevas. O dinheiro é sujo! Olhamos ao nosso redor e tudo o que vemos é desigualdade, injustiça e exploração envolvendo o capital.

Por isso, Jesus nos orienta que dessas riquezas iníquas sejamos administradores em adoração. Em outras palavras: sejam justos em seus negócios, mesmo que o mundo não seja. O dinheiro não pode ser determinante em suas decisões. Seus princípios cristãos devem estar acima de *"um bom negócio"*. As riquezas eternas são maiores do que as terrenas, por isso devemos preservar a cultura do reino de Deus em nossa vida.

> Se o dinheiro determinar o que fazemos ou deixamos de fazer, então é ele quem nos governa, mas se for Deus quem determina o que fazemos ou deixamos de fazer então é Ele quem nos governa. Simplesmente precisamos decidir quem vai tomar nossas decisões. (...) Pode ser que o dinheiro me diga: "Você tem o suficiente para comprar isso". Mas Deus pode estar objetando: "Eu não quero que você compre isso". A quem vamos obedecer? Se minha esposa me diz: "Meu bem, vamos comprar isto, pois o preço está excelente" e eu lhe responder: "Não podemos, pois não temos dinheiro". O dinheiro decidiu. Mas se eu disser: "Bem, querida, vamos orar para saber se Deus quer que façamos essa compra. Se Ele quiser, certamente nos proverá recursos!" Nesse caso seria Deus o Senhor, mas no outro, Mamom. (SANTOS, Ivênio, 2006)

Jesus continua: Quem é fiel no pouco também é fiel no muito; e quem é injusto no pouco também é injusto no muito. Se, pois, não vos tornastes fiéis na aplicação das riquezas de origem injusta, quem vos confiará a verdadeira riqueza? (Lc 16:10-11, ARA)

Esse texto é, muitas vezes, interpretado de forma equivocada, fazendo alusão às contribuições dos fiéis à igreja, mas o Senhor está nos exortando a sermos fiéis (leais com nosso caráter, justos), independentemente do valor de nossas riquezas. E ainda, se não conseguimos ser fiéis a Deus aqui, como Ele nos entregará as riquezas eternas?

2º) *Porque o amor ao dinheiro é raiz de todos os males; e nessa cobiça alguns se desviaram da fé, e se traspassaram a si mesmos com muitas dores.* (1Tm 6:10, ARC)

O dinheiro é um inimigo? Depende de como você o administra e que espaço ele tem em seu coração. Ora, se o amor ao dinheiro é a raiz de todos os males, logo, para se destruir o mal, vamos à raiz do problema. A raiz do mal não é o dinheiro, mas o amor ao dinheiro.

Não é exatamente isso que vivemos em nossa sociedade. O capital é determinante nos aspectos políticos, culturais e até mesmo religiosos. E todo o lixo camuflado em nós é exposto quando tem "dinheiro em jogo".

O amor ao dinheiro: essa é a grande questão. Como o cristão pode depender do dinheiro sem amá-lo? A resposta é simples: crucificando a sua carne. Ora, é pela cobiça que nos enamoramos do cifrão. E não é preciso ser rico para amar o dinheiro, basta desejá-lo, basta estar atraído pela ideia de possuir, e seu coração estará contaminado, mesmo que você nunca tenha conseguido acumular riquezas. Lembre-se de que Eva pecou na semelhança de Satanás, primeiro em seus sentimentos, depois em suas atitudes. Entretanto, quando nossos sentimentos estão contaminados, somente uma faísca acenderá o pavio e causará destruição.

Esse foi o caso de Judas, foi o amor ao dinheiro que o levou à perdição. Judas já era um admirador do capital – apesar de ter a aparência de uma vida humilde –, por isso foi simples vender o seu Mestre. Era somente um bom negócio. Não é de se admirar que a igreja de Cristo o esteja traindo na mesma natureza, e alguns diriam: "é apenas um bom negócio, afinal Deus sabe que precisamos de dinheiro para viver".

Se você julga não amar o dinheiro, faça-se a seguinte pergunta: se Deus tirasse tudo o que você possui, continuaria servindo a Ele sem questioná-Lo? Muitos acreditam que Deus não faria isso, porém para tratar com o homem Ele nos submete a situações difíceis, assim como fez com Jó e com o povo de Israel. Parte da igreja está por se transpassar com muitas dores, porque tem servido ao capital, e não a Cristo.

3º) E os discípulos se admiraram destas suas palavras; mas Jesus, tornando a falar, disse-lhes: Filhos, quão difícil é, para os que confiam nas riquezas, entrar no Reino de Deus! (Mc 10:24, ARC)

Assim como os discípulos, este texto muito me admira. Admiro-me porque não é pregado nos templos luxuosos e nas catedrais. Admiro-me que se esqueceram desse detalhe das Escrituras.

Novamente, o texto não enfatiza o dinheiro, e sim a confiança nele. Servir a Mamom é dar valor ao dinheiro acima de nossa confiança em Deus. É confiar que o dinheiro trará segurança, felicidade e um futuro estável.

É óbvio que no mundo em que vivemos precisamos ter dinheiro, e é quase impossível não ficar preocupado com recursos financeiros quando queremos fazer algo. O desafio do cristão é ter, sem reter. Precisamos ter para repartir, para usá-lo no Reino, e não para amontoar tesouros e fazer desses tesouros nossa segurança (Ef 4:28). O dinheiro deve ser uma ferramenta para glorificar o Senhor, e não para ser o nosso senhor. Mas será que é assim que estamos procedendo?

Quanto tempo e energia temos gastado para garantir o capital? Quanto nossas igrejas têm trabalhado para construir e reformar templos? Quanto estresse, medo e ansiedade o dinheiro tem causado a você? Analise bem. Será que sua adoração a Deus não está sendo roubada?

Deus é farto, próspero e rico. Ele não quer sua miséria, mas pode permitir momentos de dificuldade financeira para que Mamom seja arrancado de sua vida.

A sua riqueza deve estar a favor do Reino. Caso você ame o dinheiro, ficará com ele, mas perderá o reino de Deus e toda a riqueza que vem Dele. É impossível agradar a Deus e a Mamom. Você precisa escolher com qual riqueza você quer ficar.

Muitos outros deuses têm tomado adoração das igrejas, e as vestes da noiva se sujado com o pecado. Nunca foi tão fácil seguir a proposta da Serpente, como neste tempo. Este tem sido o tempo em que muitos se venderam por causa de suas paixões. Apesar de termos acesso ao Espírito Santo, que nos educa a viver os padrões de Deus, muitos têm se entregado ao lado mais lucrativo. A vaidade da fama, dinheiro e poder têm ocupado os púlpitos de nossos templos. Aparentemente, o culto está sendo oferecido a Deus, mas com um olhar mais acurado percebemos que o banquete está sendo servido ao "ego". Para os mais distraídos, a glória dos shows de domingo está subindo, mas, se prestarmos atenção, a música angelical, o bailado espetaculoso, os holofotes coloridos, a atmosfera de emoção no ambiente é um culto aos "pequenos deuses". Nos bastidores o que sobra são as brigas por cargo ou por um pequeno espaço no palco. Por trás das cortinas, há inveja, rivalidade, lutas e ressentimentos, tudo isso porque o individualismo e a ganância por poder não têm sido tirados do nosso meio.

A teologia da prosperidade tem se tornado o negócio do momento e tem feito líderes perderem sua sanidade completamente. Tome cuidado com o cristianismo que prega aquilo que o homem carnal quer ouvir, porque esse é o veneno da Serpente.

Nossas igrejas estão sentadas em seus recursos, e isso é muito triste. Um ativismo tomou conta de nossos calendários anuais, e nos resumimos em ser "uma igreja legal". Igrejas guiadas por seus métodos, festas, programações, templos suntuosos, finanças, metas e projeções humanas, e não por Cristo.

Os líderes não se preocupam mais em seguir as diretrizes do Espírito Santo, e sim em correr atrás daquilo que esperam de suas igrejas. Cristo não é mais o Senhor! E isso fatalmente tem roubado nossa adoração.

Acabamos por nos tornar cristãos vaidosos com o tamanho do templo, o luxo, e nossa capacidade de armar o espetáculo.

"A minha igreja é muito legal, vá nos visitar", é a fala dos jovens cristãos de hoje. O Evangelho não é legal! Ir à igreja não deve ser confortável, mas um lugar de confronto, de mudança e morte.

Por que nossas igrejas estão cheias de pessoas sem compromisso, sem amor, sem Deus? Porque quando lançamos o anzol, não usamos a isca certa. Há um anzol certo para cada peixe, e uma técnica. Quando lançamos o anzol do entretenimento, virão pessoas que estão atrás do entretenimento. Da mesma forma, o anzol das campanhas de vitória atrairá pessoas famintas por recompensa. No entanto, se você lançar o anzol do Espírito Santo, pessoas famintas por Deus virão.

Nossas igrejas estão cheias de "templistas". Pessoas que querem um lugar para ir aos domingos e se sentirem bem. O grande interesse de muitos de nossos líderes é encher os bancos e arrecadar mais. Infelizmente, quanto mais *status*, mais pessoas virão e, consequentemente, mais recursos terão para ostentar ainda mais posição. Aqueles que não entram na "dança" não são considerados bons administradores, não têm "cacife" para estar à frente da obra.

Quem não tem fama não tem espaço, não é ouvido, não tem nada a ensinar. Será que os apóstolos teriam os púlpitos de nossas igrejas? Será que ouviríamos João Batista?

Que coisa triste! É muito triste perceber que apóstolos verdadeiros não são recebidos, e os profetas de Deus são desprezados em muitos lugares.

O louvor de nossas igrejas está contaminado por bajuladores falsos. São tantas frases bonitas, horas de músicas belíssimas, mas por trás das cortinas são milhões abastecendo o bolso dos famosos cantores gospel. São milionários aqueles que se intitulam adoradores, mas são incapazes de dividir suas fortunas. São poderosos aqueles que se destacam nas redes sociais e meios de comunicação, mas não estão atentos às causas dos incapacitados. Seu deus é o ventre! São inimigos da cruz! E por que são tão famosos e milionários os cantores e pregadores gospel? Porque há demanda! A massa cristã ama seus ídolos. Eles pagam verdadeiras fortunas para ver seus ídolos, eles lutam por uma *selfie*, eles fazem qualquer coisa por um autógrafo. Quem recebe essa adoração?

Não somos contra templos, estrutura, recursos ou eventos. Porém, essas coisas não podem roubar o lugar que é de Deus. Quando o propósito real da igreja é posto de lado pelo social e financeiro, a adoração já não é recebida pelo Senhor. Porque a adoração que deveria ser direcionada a Deus é roubada pelos templos, recursos, shows, métodos, entretenimentos etc.

Uma falsa espiritualidade é apresentada. Diante do espetáculo de domingo, todos parecem tão *santos*, e até pensamos que são verdadeiros adoradores. Contudo, é no convívio que vemos toda espécie de sujeira. Cristãos caloteiros, prostitutos, usurpadores, hipócritas, falsos, mentirosos, narcisistas, orgulhosos, arrogantes, violentos, desobedientes à Verdade etc.

Eles estão na igreja todo domingo com suas mãos levantadas, fazendo suas oferendas.

Deus não quer bajuladores, e sim adoradores. Os bajuladores não são verdadeiros, e seu pai é Satanás. Logo, quem tem recebido a adoração da igreja?

É uma frase forte para escrever, e estremeço por isso, mas é uma conclusão óbvia. Deus é criterioso, e não tem recebido essa adoração suja. Quem tem recebido essas bajulações, essas oferendas semanais de culto e o espetáculo de domingo não é o Senhor Deus.

Será que nossos templos não viraram mais um atrativo para pessoas atrás de entretenimento? Vemos nos *outdoors* diversas ofertas, para todos os tipos de pessoa. Quem oferece as melhores reuniões, cânticos agradáveis, pregações animadoras, programações divertidas, melhor ambiente e experiência espiritual, fica com maior clientela. Outros se contentam com o social. Um lugar para rever amigos e parentes, dar o dízimo, e se sentir bem, com o dever cumprido e garantia de uma vaga no céu. Isso acontece porque há demanda. A massa cristã deseja receber o produto e ficar satisfeita.

Nada contra o social, igrejas com infraestrutura, programações bem organizadas etc. Entretanto, será que não abandonamos o crescimento espiritual, as pregações de confronto, os trabalhos sociais, o cuidado dos órfãos e das viúvas, em nome do supérfluo? Será que não trocamos o amor, a tolerância, a paciência, o serviço, pelos templos cheios, recursos financeiros para usos banais, e muitos outros propósitos egoístas?

Temos ficado escandalizadas com o número de mentiras ganhando espaço no meio cristão. Pessoas que mentem seus testemunhos, enquanto uma plateia encantada aplaude. Pregadores que deveriam zelar pelo altar, mentem, enganam e envergonham o Evangelho. Cantores forjando enfermidades para ganhar destaque. Pastores manipulando informações para ganhar dinheiro. Uma máfia por trás do púlpito compondo verdadeiros teatros para entreter e usurpar a plateia.

Quem não tem um testemunho bombástico, uma doença incurável, uma eloquência que emocione, fama ou riquezas para exibir nos púlpitos, não tem espaço, crédito ou valor.

Satanás tem usado sua arma de contaminação nos sentimentos, e isso tem arrastado muitos ao engano. O inimigo sabe que se a igreja estiver contaminada, se suas vestes estiverem sujas, se seus sentimentos estiverem voltados para si mesmos, ela não oferecerá resistência à sua ação.

Cultos distorcidos, sermões triunfalistas, distorção, manipulação, mentira. Isso tem sido rotina diante de nossos olhos. Essa é uma realidade presente, e tem contaminado a ponto de inverter o sentido proposto por Deus.

E o que fazer diante do que tem acontecido na igreja? Sair dela? Servir a Deus em casa? Ora, ver o problema não nos faz melhores. Sair da igreja não faz de você santo, mas covarde. Se somos parte deste corpo, então a mudança começa no comportamento de cada célula. Você tem visto as feridas da igreja? Isso tem lhe incomodado? Clame, ore, chore e escute a voz do Espírito, Ele lhe conduzirá ao caminho certo. Se você quer fazer algo, coloque isso na presença de Deus. Não saia atacando seus líderes ou criticando a todos. Permita que o seu Senhor diga o que fazer, se você deve esperar ou avançar. Seja um servo humilde. Limpe-se! Limpe seus altares.

Comece pela sua casa. Retire o sinal pirata, organize suas finanças de forma a honrar a Deus, tire do seu lar as brigas e gritarias. Afaste-se do erro e de tudo que tem roubado sua adoração. Ore! Deus lhe mostrará quais altares você deve quebrar.

Em 2 Timóteo, Paulo fala claramente de um tempo em que as pessoas se tornariam loucas e se apartariam da verdade da Palavra.

Pois haverá tempo em que não suportarão a sã doutrina; pelo contrário, cercar-se-ão de mestres segundo as suas próprias cobiças, como que sentindo coceira nos ouvidos; e se recusarão a dar ouvidos à verdade, entregando-se às fábulas. Tu, porém, sê sóbrio em todas as coisas, suporta as aflições, faze o trabalho de um evangelista, cumpre cabalmente o teu ministério.
(2Tm 4:3-5, ARA)

Estamos vivendo esse tempo, momento em que as pessoas não suportam a Verdade.

A Verdade só é conhecida através de relacionamento com Deus. Satanás tem roubado a adoração da igreja porque tem faltado relacionamento com Deus. Quando não estamos perto de Deus a mentira prevalece, e por isso essa realidade é presente no meio cristão.

Por isso, quando estendeis as vossas mãos, escondo de vós os meus olhos; e ainda que multipliqueis as vossas orações, não as ouvirei, porque as vossas mãos estão

cheias de sangue. Lavai-vos, purificai-vos, tirai a maldade de vossos atos de diante dos meus olhos; cessai de fazer mal. Aprendei a fazer bem; procurai o que é justo; ajudai o oprimido; fazei justiça ao órfão; tratai da causa das viúvas. Vinde então, e argui-me, diz o SENHOR: ainda que os vossos pecados sejam como a escarlata, eles se tornarão brancos como a neve; ainda que sejam vermelhos como o carmesim, se tornarão como a branca lã.
(Is 1:15-18, AC)

Não podemos achar que por nossas atitudes religiosas seremos atendidos por Deus, porque para Deus, relacionamento com Ele, passa, obrigatoriamente, por relacionamento com pessoas.

Por quanto tempo a igreja supervalorizou a "santidade" das vestimentas, da fala, dos costumes, dogmas, posições teológicas e hábitos religiosos. Os pecados mais "pesados" eram adultério, fornicação e roubo. No entanto, certos "pecadinhos", igualmente letais, passavam despercebidos, como: mágoa, rancor, falsidade, fofoca, inimizades, inveja, vingança, mentira etc. Esses erros letais conviveram e ainda convivem tão livremente em nosso meio sem ser expostos. Jesus nos ensinou a limpar primeiramente o que somos interiormente, porque nossos desejos, pensamentos, sentimentos são determinantes no que somos (Mt 23:25).

Nossos pecados estão escondidos no homem interior quando valorizamos mais nossos desejos, nossas metas e projeções, quando preferimos consultar nossa vasta experiência e conhecimento, do que consultar a Deus, quando nos irritamos por não entender aonde os projetos de Deus estão nos conduzindo, quando queremos convencer a Deus das nossas necessidades, quando acreditamos mais nas desgraças do que no cuidado de Deus. Depois cantamos alegremente que Deus é nosso Senhor, achando que isso é ser um adorador.

Por esses diversos motivos, muitas vezes não experimentamos a plenitude do poder e da autoridade que repousa sobre a igreja. Existem milhares de deuses roubando a nossa adoração, e muitas distrações roubando o nosso tempo de intimidade com Deus.

O resultado tem sido uma massa cristã sem discernimento, conhecimento, sem nenhuma eficácia. Pessoas com crescimento atrofiado, alma doente, e corpo servindo a outros deuses. Essa adoração está calcada na religião, porque a confiança está baseada no poder da água ungida, dízimo, rituais, conhecimentos teológicos, e não em Cristo.

Será que nossos cultos não perderam o sentido e se tornaram um artifício religioso para obter o favor de Deus? Assim como nas religiões antigas os homens traziam oferendas para aplacar a ira dos deuses, nossos cultos tomaram o mesmo rumo. Um lugar para se bajular e trazer oferendas a Deus, para conquista dos seus desejos. É culto da vitória, campanha da prosperidade, culto de libertação. Devemos parar para uma reflexão: será que este é o desejo de Deus ou o nosso?

Analisemos bem. A palavra culto tem a mesma origem da palavra cultura, conforme vimos em capítulos anteriores. A palavra culto vem do latim *colere*, e significa plantar, cultivar. *Cultus* era o resultado do plantio, a colheita.

Metaforicamente, o conhecimento também é plantado, regado e colhido. O culto a Deus é o processo de plantar, regar e colher conhecimento de Deus. A recomendação nas Escrituras é que seja em grupo, porque os homens plantam e regam, enquanto Deus dá o crescimento (1Co 3:6). Enfim, o culto é um lugar de troca, doação, experiência com Deus em conjunto (At 4:31; 11:26; 12:12; 14:27), não um lugar para receber ou requerer algo de Deus. Nossos cultos precisam ser símbolo de entrega, doação e comunhão.

Lembre-se de que a cultura de Deus dada a Adão era multiplicação, doação, domínio de bênção. A cultura da Serpente é receber, extorquir, comer, regime de repressão. Qual cultura nossos cultos estão pregando? Qual proposta a igreja tem servido?

É a adoração da igreja que Satanás deseja, porque essa adoração é preciosa e deveria ser dedicada a Deus. A adoração da igreja é mais preciosa do que a de qualquer outra religião, porque quando a adoração da igreja é roubada, qualifica-se uma traição.

Satanás não tem interesse em tirar pessoas da igreja, contanto que elas adorem a qualquer coisa que não seja a Deus. Ele quer que você esteja na igreja enganado, desperdiçando seus dias envolvido em seus pequenos luxos, atividades religiosas, empenhando força para alimentar seus desejos. Ele espera que mesmo sendo "cristão", viva pensando em servir a Deus, enquanto serve a si mesmo.

Quando falamos da igreja, quando apontamos os erros da religião, estamos bem conscientes de que a noiva de Cristo está sendo preparada para o casamento. Sabemos que existem pastores fiéis, que não se contaminaram, homens íntegros e tementes. Existe uma igreja e um povo separado, que tem se preparado para as Bodas do Cordeiro. Aqueles que são Dele, o Senhor os separará naquele grande dia. Entretanto, nós somos um só. Essa realidade não pode ficar escondida, para que se levante um povo consciente, que não se levará pelos ardis da antiga Serpente.

O nosso desejo é que este livro seja um canal para o despertar da Noiva. Perceba quem você é em Cristo e receba a cura em Seu sangue. O remédio é intimidade com Deus e relacionamento com as pessoas.

Unidade do corpo

Pois em Cristo, como ser humano, está presente toda a natureza de Deus, e, por estarem unidos com Cristo, vocês também têm essa natureza. Ele domina todos os poderes e autoridades espirituais. (Cl 2:9-10, NTLH)

Que palavra maravilhosa! Sob Cristo, em forma humana, habita toda a plenitude de Deus. Tudo o que Deus tem, tudo o que Ele é, todo o Seu poder e Sua glória habitam no corpo humano de Jesus. Seu corpo humano ressuscitado está em glória diante do Pai, e foi colocado acima de principados e potestades. E porque somos corpo de Cristo, todo poder, autoridade e glória também habitam em nós. Isso é tremendo! Que palavra poderosa, que grande privilégio e honra.

O que nos tornou possível ter a plenitude de Deus foi o poder da unidade. Quem não está unido com Cristo não tem acesso a essa autoridade.

Nele estamos completos, aperfeiçoados e cheios. Toda a sorte de bênçãos já repousa sobre você. E não há nada que você possa desejar que já não esteja acessível por meio da fé em Jesus.

Bendito o Deus e Pai de nosso SENHOR Jesus Cristo, o qual <u>nos abençoou com todas as bênçãos espirituais</u> nos lugares celestiais em Cristo. (Ef 1:3, ARC, grifos nossos)

Bênção vem do latim *benedicitio*. *Bene* – bem, mais *dictio* – dito, ou seja, um *bem dito*. Quando um "bem" é proferido por Deus a respeito de algo ou alguém, essa palavra tem poder de mudar uma realidade.

O texto acima nos garante que todo o bem possível, Deus proferiu a nosso respeito, por estarmos unidos com Cristo. No entanto, esse bem foi prometido àquele que está aliançado com Cristo. Novamente a união é o poder que garante-nos as bênçãos de Deus.

Não é necessário que você lute, faça campanhas, jejuns, cruzadas, vigílias para receber algo de Deus, porque tudo, isso mesmo, tudo já foi liberado para você. Entretanto, há um porém, essas bênçãos são para aqueles que respeitam um princípio: a unidade do corpo.

Segundo as Escrituras, no Antigo Testamento, uma bênção só era recebida mediante o cumprimento de aliança e pactos, enquanto o descumprimento resultava em maldição (Dt 28).

Abençoado ou bendito era aquele que honrava a aliança, e amaldiçoado ou maldito eram os infratores.

> *Por estarem unidos com Cristo, vocês foram circuncidados não com a circuncisão que é feita no corpo, mas com a circuncisão feita por Cristo, pela qual somos libertados do poder da natureza pecadora.* (Cl 2:11, NTLH)

A plenitude da natureza de Deus e todas as Suas bênçãos estão acessíveis àqueles que foram circuncidados em Cristo. No Antigo Testamento, a circuncisão era o sinal na carne da aliança entre Deus e o Seu povo, mas hoje o sinal é a nossa fé em Cristo. Portanto, a natureza de Deus é plenamente acessível pelo poder dessa união, ou circuncisão.

A trindade é a evidência desse princípio, e Jesus respeitou esse princípio para cumprir Seu propósito. Ele não agiu sozinho em nada do que fez. Os três trabalham juntos desde a criação, na remissão e até o fim. Eles estão sempre juntos, trabalhando em sincronia admirável, de forma que um não interrompe ou atrapalha o outro. Um aponta e glorifica a obra do outro, e por tamanha simetria contemplamos Um. Antes mesmo da criação, quando no primeiro cenário, o verbo "fazer" conjugado no plural, "façamos", mostra o engajamento dos três.

> *No princípio criou Deus [Elohim, no plural] os céus e a terra.* (Gn 1:1, ARC, grifos e acréscimos nossos)

Deus, o Grande Arquiteto projetou em seus altíssimos pensamentos toda a criação (Sl 104:24; Is 40:28; 48:13).

Jesus, o Verbo, a Palavra, a ordem de comando, assim como um exímio mestre de obras delega as tarefas lidas no projeto (Jo 1:1; Ap 3:14). O Espírito Santo, a pomba, já pairava sobre as águas como quem aguardava as instruções para executá-las, da mesma maneira que o pedreiro se movimenta conforme ordens expressas (Jó 33:4; 26:13).

Esta é a natureza da Trindade, em verdadeira e perfeita união e sincronia. O Pai, todo tempo, apontou para o Seu Filho, o Messias que viria. O Filho cumpriu e obedeceu às ordens de seu Pai, e dava todo o crédito a Ele (Jo 14:10-13). Foi por Cristo que o Consolador veio para nos possibilitar viver como o Pai quer. E o Espírito Santo nos leva a Deus, apontando Cristo como o único caminho. Sem dúvida alguma, Eles são Um, e se completam perfeitamente.

Jesus não agiu sozinho, toda a obra foi uma ação em conjunto. Sua concepção foi pelo Espírito (Mt 1:18). Seu ministério só teve início quando a pomba desceu sobre Ele (Mt 3:16). Foi conduzido à tentação pelo Espírito (Mt 4:1). Seu poder para operar sinais e expulsar os demônios era dado pelo Espírito (Mt 12:28, Lc 1:35, 4:18). Foi o Espírito que o levou até a crucificação (Hb 9:14). O Espírito Santo ressuscitou Jesus dentre os mortos (Rm 8:11) e nos ressuscitará naquele grande dia.

Quanto mais o sangue de Cristo, que <u>pelo Espírito eterno se ofereceu</u> a si mesmo imaculado a Deus, purificará as vossas consciências das obras mortas, para servirdes ao Deus vivo? (Hb 9:14, ARC, grifos nossos)

No versículo anterior vemos a trindade interagindo. Jesus, o Cordeiro, levado pelo Espírito, sendo entregue a Deus. Esse foi o mais sublime ato de adoração que a terra pôde conhecer. Essa ação teve um poder fabuloso de purificar consciências. O poder da trindade foi capaz de tirar de dentro de nós os desejos injetados pela Serpente.

Nem mesmo Jesus foi para a cruz sozinho, e não tomou para Si a glória, mas entregou-se voluntariamente em adoração. Ele estava bem preparado para o desafio. Agir sozinho, independente, essa é a proposta da Serpente. Jesus foi humilde, movido por misericórdia e amor, cumprindo, em obediência ao Pai, Seu chamado.

Precisamos dos três em nossa tríplice constituição, se quisermos a cura. Não há vida fora do Espírito, não há verdade sem a unção do Espírito, não há unidade sem a presença do Espírito, não há intimidade se não mergulharmos no oceano do Espírito. Precisamos estar sob o controle do Espírito, levados pelo vento, para vivermos em adoração (Jo 3:8).

A natureza demonstra como precisamos viver em união. Todas as coisas que conhecemos são fruto de união, trabalho em conjunto e dependência. Desde o universo até um átomo, nada pode coexistir sem o poder da união. Quando a igreja entender esse princípio e pô-lo em prática, experimentaremos a plenitude de quem Deus é.

Oh! Quão bom e quão suave é que os irmãos vivam em união. É como o óleo precioso sobre a cabeça, que desce sobre a barba, a barba de Arão, e que desce à orla das suas vestes. Como o orvalho de Hermom, e como o que desce sobre os montes de Sião, porque ali o SENHOR ordena a bênção e a vida para sempre. (Sl 133:1-3, ARC, grifos nossos)

Viver em unidade é uma premissa para que haja vida e bênção. É impossível que um corpo tenha vida se não trabalhar em conjunto. Assim como nosso corpo, a igreja precisa estar unida com Cristo e uns com os outros se quiser ter vida e obter as bênçãos de Deus.

Ora, se não há união entre os irmãos, também não há união com Cristo. E quando não há união com Cristo, também não há bênçãos, vida, e ressurreição naquele grande dia. A união é a fórmula da vida eterna.

E, assim, habite Cristo no vosso coração, pela fé, estando vós arraigados e alicerçados em amor, a fim de poderdes compreender, com todos os santos, qual é a largura, e o comprimento, e a altura, e a profundidade e conhecer o amor de Cristo, que excede todo entendimento, para que sejais tomados de toda a plenitude de Deus. (Ef 3:17-19, ARA, grifos nossos)

O conhecimento de Deus vem através da unidade. Só poderemos navegar nas profundezas do amor de Deus, e explorar as riquezas escondidas em Cristo e ter acesso à plenitude de Deus, quando vivermos em unidade. Em unidade podemos compreender o amor de Cristo de todas as formas e receber a natureza de Deus. Quando conhecemos a Deus, essa aproximação nos impele a servir uns aos outros. Não podemos dizer amar Deus e odiar o irmão (1Jo 2:11).

Das seis coisas que aborrecem Deus, quatro delas se referem a relacionamento com pessoas, porém a sétima, que Ele abomina, é quando a unidade é quebrada.

[...] e o que semeia contendas entre irmãos. (Pv 6:19b, ARC)

Deus abomina aquele que semeia contenda entre irmãos, porque quebra um princípio de unidade. Quando contendemos ou falamos mal de alguém, contaminamos a nós mesmos e a outros. Isso atrasa o amadurecimento, impede o operar do Espírito, impossibilita a adoração.

É aí que mora o problema! Existe um grande desafio, e ele se chama unidade. O caminho da união é a tolerância misturada com uma quantidade generosa de paciência. E é nesse quesito que muitos de nós somos reprovados.

É muito difícil entender e aceitar as peculiaridades de cada indivíduo. É desgastante esperar a mudança das pessoas. É dificílimo ser tolerante com os intolerantes, humilde com os arrogantes, e amar quem não ama.

Sabe aquela pessoa que te "tira do sério", que faz você perder o controle e faz seu sangue ferver? Ele é o seu grande amigo! Isso mesmo! A partir de hoje, quando você o vir, encare-o e diga a si mesmo: esse é um anjo disfarçado, que Deus mandou para me ajudar a amadurecer como adorador. Todos nós já passamos nervoso com pessoas que testam nossos limites, mas são essas pessoas que te ajudarão a amadurecer, e a vencer sua própria natureza. Seu irmão não é seu problema, ele é uma bênção que está te alavancando para a eternidade.

Essa é a adoração que Deus espera de você, sua tolerância e paciência para crescer em unidade.

Maturidade

PARA HAVER UNIDADE é imprescindível ter maturidade. É necessário ter uma natureza tratável, humilde e honesta. É preciso amor, tolerância, paciência, misericórdia, perdão e, principalmente, um caráter servidor. Isso tudo é fruto de maturidade.

Importante lembrar que maturidade não se conquista do dia para a noite; é um longo e intenso treinamento e tratamento de Deus. E, é claro, não existe fim, sempre teremos algo a amadurecer. Entretanto, a maior alegria de Deus é desmamar um filho.

DIGO, pois, que todo o tempo que o herdeiro é menino em nada difere do servo, ainda que seja senhor de tudo.
(Gl 4:1, ARC)

Um filho que ainda é uma criança, mesmo que carregue uma grande herança não pode administrá-la ou ter acesso a ela, pois ainda não está maduro (Gl 4:1-9). Imagine dar bilhões na mão de uma criança de cinco anos, por certo ela desperdiçaria e destruiria seu futuro. Entretanto, quando um filho se torna adulto, toda a herança passa para suas mãos. Assim é conosco: quando amadurecemos, temos acesso a todas as bênçãos e autoridade.

Enquanto estivermos tomando leite, inconstantes na fé, manipuláveis, desobedientes, birrentos, ignorantes, não poderemos experimentar a plenitude do que Deus tem para nós. E suas bênçãos, aquelas que há poucas páginas mostramos, está acessível àquele que está unido com Cristo. Essas bênçãos são para aqueles que foram desmamados.

Esse é o motivo que tem impedido a igreja de experimentar tudo o que já foi conquistado por Cristo, porque falta maturidade. Estamos encarcerados em situações, problemas e doenças, porque nosso crescimento está atrofiado. Ficamos empacados, estagnados por estarmos sendo reprovados.

Como uma criança que passa por fases, dessa mesma forma os níveis de adoração também passaram por fases, mas em Cristo o mais alto nível de adoração ficou acessível, porque hoje o Espírito Santo mora em nós. Uma vida de adoração é o caminho da maturidade. Por isso, adoração nos leva a níveis espirituais mais altos.

Um adorador é aprovado, por isso cresce, e porque cresce ele amadurece, e quando é desmamado então frutifica, e esses frutos geram colheita para o Reino.

Creia! O adorador galga níveis espirituais. Você cresce e amadurece quando ama, perdoa, serve, se humilha, se compadece pelo outro, é tolerante e paciente. Você cresce quando procura se parecer com o Mestre, e quando está perto Dele, obedecendo, e se limpando a cada dia. Você amadurece quando não põe concepções teológicas à frente de seus relacionamentos. Você amadurece quando adora.

Você quer ter experiências fortes com Deus, e busca ir além na vida cristã? Experimente o caminho da adoração.

Experimente abandonar os shows e aderir um tempo a sós com Deus. Troque o palco, pelo rosto no pó. Vista-se do novo! Santidade, sinceridade e amor. Substitua seus *hobbies* por atos de justiça. Abandone seus desejos carnais, por salmos, hinos e cânticos espirituais.

Ele fez isso para preparar o povo de Deus para o serviço cristão, a fim de construir o corpo de Cristo. Desse modo todos nós chegaremos a ser um na nossa fé e no nosso conhecimento do Filho de Deus. E assim seremos pessoas maduras e alcançaremos a altura espiritual de Cristo. (Ef 4:12,13, NTLH).

O serviço feito em obediência e motivado pelo amor constrói o corpo de Cristo, e pelo ato de servir amadurecemos. Por consequência essa maturidade nos dá estabilidade na fé, não nos deixando à mercê das mentiras, falsas doutrinas, e todo tipo de engano.

O grande teste de maturidade é fazer o possível para guardar a unidade no Espírito. O cristão maduro vive baseado nesse princípio, enquanto o cristão imaturo causa instabilidade no corpo, atrofiando e colocando em risco o crescimento e a saúde da igreja.

O cristão imaturo é demasiadamente sensível. Ofende-se com tudo, e acusa outros por qualquer motivo. Ele está sempre desconfiado, supondo o pior de todos. Ele duvida da amizade, e nunca está satisfeito com a maneira como é tratado. Ele se sente perseguido, e para ele o mundo conspira para humilhá-lo e rejeitá-lo.

O cristão imaturo sente-se acima dos demais. Cobra disposição e perfeição, enquanto ele se senta na cadeira de juiz, apontando o erro dos demais. Servir não é seu forte, porque ninguém merece que ele o ajude e sirva. É intolerante com o erro das pessoas, com o passado e o presente. Espera o pior, e é resistente em crer na mudança de seus irmãos.

Quem é imaturo sente-se injustiçado, desprezado, e humilhado quando não é colocado em destaque, honrado ou atendido. Ele facilmente usa a língua em seu favor, esse é seu veneno. É volátil e suscetível aos ardis de Satanás, e facilmente manipulável às sugestões malignas em sua mente. Por isso pode causar transtornos, rebeliões e divisões, por falta de discernimento.

O cristão maduro espera o tempo de cada um, e compreende quando alguns afirmam conceitos tolos, pois sabe que amadurecemos aos poucos. Percebe suas misérias e por isso olha com misericórdia para os erros de seus irmãos. Olha pelos olhos da fé. Investe em pessoas, se doa pelas pessoas. Ama servir, ajudar, cuidar e gastar tempo com pessoas.

Cristãos imaturos são frutos de uma igreja sem diaconia. E a falta de diaconia é fruto de uma igreja que não ama os seus, e não conhece Deus.

Uma igreja madura investe esforços em promover ajuda mútua e entende que essa é a sua identidade. Prioriza as pessoas e importa-se menos com volume de trabalho.

E eu dei-lhes a glória que a mim me deste, para que sejam um, como nós somos um. Eu neles, e tu em mim, para que eles sejam perfeitos em unidade, e para que o mundo conheça que tu me enviaste a mim e que tens amado a eles como me tens amado a mim. (Jo 17:22,23, ARC)

Uma igreja que cresce em unidade é um testemunho para o mundo, revelando o amor de Deus. De que vale todo o esforço em evangelizar se não estamos dispostos a caminhar juntos? O que podemos apresentar à sociedade, se ainda estamos no leite espiritual?

Uma igreja madura tem poder de cura para a sociedade. Qual será o alcance da nossa voz se tivermos maturidade e união? Que estrago faremos ao reino das trevas? Que grande colheita teríamos no reino de Deus?

Acredito que esse tem sido um tempo em que Deus tem despertado a igreja para um crescimento maduro, para que possamos cumprir os propósitos e desígnios de Deus, e aquilo que tem posto como desafio para o presente século.

Uma geração de adoradores

TEMOS OUVIDO TANTAS FRASES ganhando força no meio cristão. "Esta é a geração de adoradores"; "Estamos na geração dos adoradores extravagantes"; "Esta é a geração do avivamento"; "Queremos buscar a Tua face, Deus! Queremos tocar o Teu coração!". E enquanto isso uma multidão grita, pula e chora emocionada com tais afirmações. Será que sabemos como se comporta uma geração que adora com extravagância? Que vive para buscar a face de Deus? Que quer agradar o Pai com sua adoração? Um texto muito conhecido pode responder a essas perguntas.

> *Quem subirá ao monte do SENHOR, ou quem estará no seu lugar santo? Aquele que é limpo de mãos e puro de coração, que não entrega a sua alma à vaidade, nem jura enganosamente. Este receberá a bênção do SENHOR e a justiça do Deus da sua salvação.* <u>*Esta é a geração daqueles que te buscam*</u>*, daqueles que buscam a tua face, ó Deus de Jacó. (Selá)* (Sl 24:3-6, ARC, grifos nossos)

A geração que busca a face de Deus, que receberá suas bênçãos e a salvação, não tem atitudes contaminadas, mas intenções e motivações puras, com a alma livre da vaidade, e em sua boca não há mentira ou engano. E então? Somos mesmo uma geração de adoradores extravagantes?

Das dez "bem-aventuranças", pelo menos cinco delas se referem a relacionamento com pessoas, porém uma se destaca das demais.

> *Bem-aventurados os limpos de coração, porque eles verão a Deus.* (Mt 5:8, ARC)

Nem todos verão Deus, nem todos poderão ter esse privilégio. Aliás, até mesmo anjos de alta patente como os serafins escondem o rosto diante da face de Deus (Is 6:2), mas os limpos de coração verão Deus. Os limpos de coração fazem parte da geração que busca a face de Deus, e por isso um dia eles O verão face a face.

Como estão as suas mãos? Suas atitudes revelam Cristo? O seu corpo tem servido a quais deuses? O seu corpo tem praticado obras de justiça, ou as obras da carne? O que você tem feito pelo Reino? Olhe para as suas mãos; como elas estão?

Agora olhe para seu interior e analise suas intenções. Às vezes, nossas obras podem apresentar aparência boa, mas as intenções e motivações podem estar podres. Faça um autoexame de consciência. Suas obras são sua própria justiça? Com que intenção você se envolve nos trabalhos da igreja? Com que intenção você pratica obras de caridade? Você tem se orgulhado delas, e se sentido maior que os demais por conta de sua bondade? Você tem sido sincero em seus relacionamentos? Tem procurado agir com pureza em seus negócios?

Observe: a quais sentimentos sua alma tem servido? Você se ensoberbece de suas conquistas? Acha que são frutos de sua capacidade de empreendedorismo? Você se ufana de seus bens, sua família, seu ministério? Você acha sua célula melhor, seu grupo mais comprometido, sua igreja à frente das demais? Isso é vaidade, e te desqualifica na categoria de geração que Deus se agrada.

E sua língua? Você declara, promete, assegura o que não pode cumprir? Você manipula com discursos? Você prega a verdade, mas não se preocupa em vivê-la? Você aponta o pecado dos outros, mas não confessa o seu? Há mentira, engano, manipulação em sua língua? Sinto muito, você não faz parte de uma geração que busca a face de Deus.

Está na hora, e já chegou, de pôr em prática a adoração que Deus procura. Este é o avivamento que esperamos, essa é a glória que ansiamos ver em nosso tempo.

Eu creio que Deus está levantando uma geração de adoradores, os quais estão amadurecendo, costurando suas vestes com seus atos de justiça. Essa geração está se purificando do pecado e arrancando os altares de ídolos. Essa geração está sendo tratada e moldada, crucificando sua carne, e renunciando o seu "eu". Uma geração comprometida com a simplicidade, honestidade e verdade do Evangelho. Estão buscando a intimidade com o noivo e a ajuda mútua.

Junte-se a essa geração de adoradores. Que se levantem os verdadeiros adoradores.

Porque, como os novos céus, e a nova terra, que hei de fazer, estarão diante da minha face, diz o SENHOR, assim também há de estar a vossa posteridade e o vosso nome. E será que desde uma lua nova até à outra, e desde um sábado até ao outro, virá toda a carne a adorar perante mim, diz o SENHOR. (Is 66:22-23, ARC)

REFERÊNCIAS BIBLIOGRÁFICAS

ANDRADE, Claudionor Côrrea de. *Dicionário Teológico Claudionor Corrêa de Andrade*. 1ª. ed. Rio de Janeiro: CPAD, 1998.

BERGSTÉN, Eurico. *Teologia Sistemática*. 2ª. ed. Rio de Janeiro: CPAD, 2004.

BÍBLIA. Português. *Bíblia Sagrada*. Tradução de João Ferreira de Almeida, edição revista e corrigida. São Paulo: Sociedade Bíblica do Brasil, 1995.

_____. Português. *Bíblia Sagrada*. Tradução Nova Linguagem de Hoje. Tamboré: Sociedade Bíblica do Brasil, 2005.

_____. Português. *Bíblia Sagrada*. Tradução de João Ferreira de Almeida, edição revista e atualizada. São Paulo: Sociedade Bíblica Brasileira, 1993.

_____. Português. *Bíblia de Referência Thompson*. Tradução de João Ferreira de Almeida, edição contemporânea. Compilado e redigido por Frank Charles Thompson, D.D., Ph.D. São Paulo: Vida, 1990.

BOYER, Orlando S. *Pequena Enciclopédia Bíblica.* 31ª. ed. São Paulo: Editora Vida, 2001.

BOWKER, John. *Para entender as religiões.* (C. d. Leite, Trad.) São Paulo: Ática, 1997.

CURY, Augusto. *Análise da Inteligência de Cristo: O Mestre dos Mestres* (vol. 1). Rio de Janeiro: Sextante, 2006.

HALLEY, Henry Hampton. *Manual Bíblico de Halley:* Nova Versão Internacional (NVI). (G. Chown, trad.) São Paulo: Editora Vida, 2002.

FERREIRA, Aurélio B. de Hollanda. *Novo Dicionário da Língua Portuguesa.* 2ª. ed. Rio de Janeiro: Nova Fronteira, 1986.

FALCON, F. J.C. *Iluminismo.* 4ª. ed. São Paulo: Ática, 2002.

JOYNER, Rick. *Havia duas árvores no jardim.* (F. XAVIER, & J. L. COSTA, Trads.) Belo Horizonte: Dinamus Editorial, 1949.

MACARTHUR, Jr., John F. *O Evangelho Segundo Jesus.* São José dos Campos: Editora Fiel, 1991.

SANTOS, Ivênio dos. *Alma Nua: O desnudamento da alma, através de uma abordagem psicoteológica do Sermão do Monte.* Brasília: Editora Palavra, 2006.

SILVA, Severino P. *O homem: corpo alma e espírito: A natureza humana explicada pela Bíblia.* 12ª. ed. Rio de Janeiro: CPAD, 2004.

FONTE: Minion Pro
IMPRESSÃO: Arvato

#Ágape nas redes sociais

www.agape.com.br